ROMA METROPOLITANE

svolge tutte le funzioni connesse alla realizzazione, ampliamento, prolungamento e ammodernamento delle linee metropolitane e alla realizzazione di sistemi innovativi di trasporto della città di Roma. Per conto di Roma Capitale, di cui costituisce un'emanazione organica, la Società riunisce in un unico soggetto i compiti di gestione del procedimento, progettazione, controllo della realizzazione.

Attualmente è impegnata nella realizzazione delle nuove linee C e B1, nella ristrutturazione del Nodo di Termini, nella realizzazione di "corridoi del trasporto pubblico" con sistemi di superficie a capacità intermedia in sede protetta, nonché nei procedimenti relativi alla progettazione e realizzazione della nuova Linea D e dei prolungamenti delle linee metropolitane esistenti.

carries out all the tasks connected with the accomplishment, extention and modernisation of the underground railway lines and the innovative transport systems of the city of Rome. As an offshoot of the central Municipality ("Roma Capitale"), it joins in a single subject the tasks of Procedure Management, Planning, Execution Control.

At the moment it is responsible for the construction of the new lines C and B1, the modernisation of the Termini Interchange Node, the accomplishment of "public transport corridors" with medium capacity road transit systems on dedicated guideway, as well as the procedures of planning and construction of the new Line D and of the existing lines' extensions.

via Tuscolana 171/173
00182 Roma
tel. +39 06.454640100
fax +39 06.454640111

www.romametropolitane.it

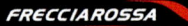 

The line that is uniting Italy

More speed, more trains, more services:
1,000 km of new high-speed links from Turin to Naples-Salerno.

With Le Frecce, Italy grows and your time too.

Enjoy the experience of high-speed comfort. To find your nearest Trenitalia sales point and for further information visit www.ferroviedellostato.it ➔ Trenitalia ➔ English ➔ Other Services

www.ferroviedellostato.it

Climaveneta
Perchè

Con il suo titolo "La città dell'Uomo" il Padiglione italiano all'Expo Shanghai 2010 interpreta il tema "better life, better city" su cui si incentra l'Expo Shanghai 2010, ponendosi come vetrina delle eccellenze italiane nell'ingegneria, nell'architettura e in generale in tutti i settori che contribuiscono alla migliore qualità della vita nelle aree urbane.

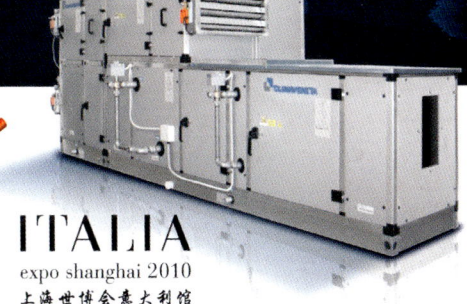

ITALIA
expo shanghai 2010
上海世博会意大利馆

Un'occasione che vede Climaveneta in primo piano in qualità di fornitore dell'impianto di climatizzazione, con una soluzione basata su 29 centrali di trattamento aria WIZARD. Con una portata aria complessiva di 350.000 m^3/h, le unità assicurano non solo perfetto comfort e massima sostenibilità ma anche rapidità di installazione e facilità di integrazione nel sistema edificio, ben inserendosi nella visione che caratterizza l'intero padiglione. Naturalmente una soluzione Climaveneta. Perché in tutti i progetti che puntano al meglio per quanto riguarda comfort e sostenibilità, 35 anni di esperienza e leadership nella climatizzazione sono una scelta obbligata.

Climaveneta. I perché sono molti.

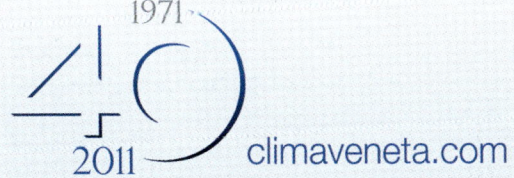

climaveneta.com

MAQUET
SISTEMA INTEGRATO DI SALA OPERATORIA.

MAQUET
GETINGE GROUP

SURGICAL WORKPLACES

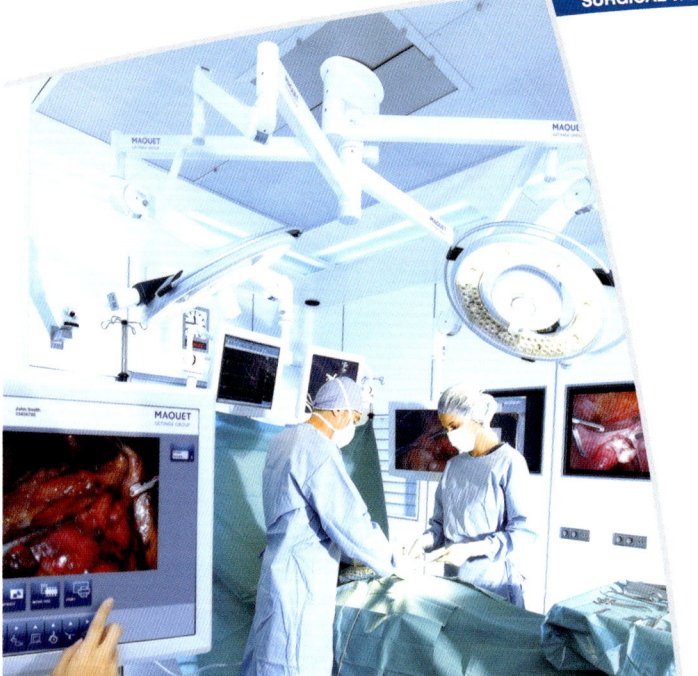

MAQUET Italia S.p.A.
Via Gozzano 14
20092 Cinisello B. (MI)
Phone +39 02 6111351
Fax +39 02 611135261
info-it@maquet.it
www.maquet.com

MEMBER OF GETINGE GROUP

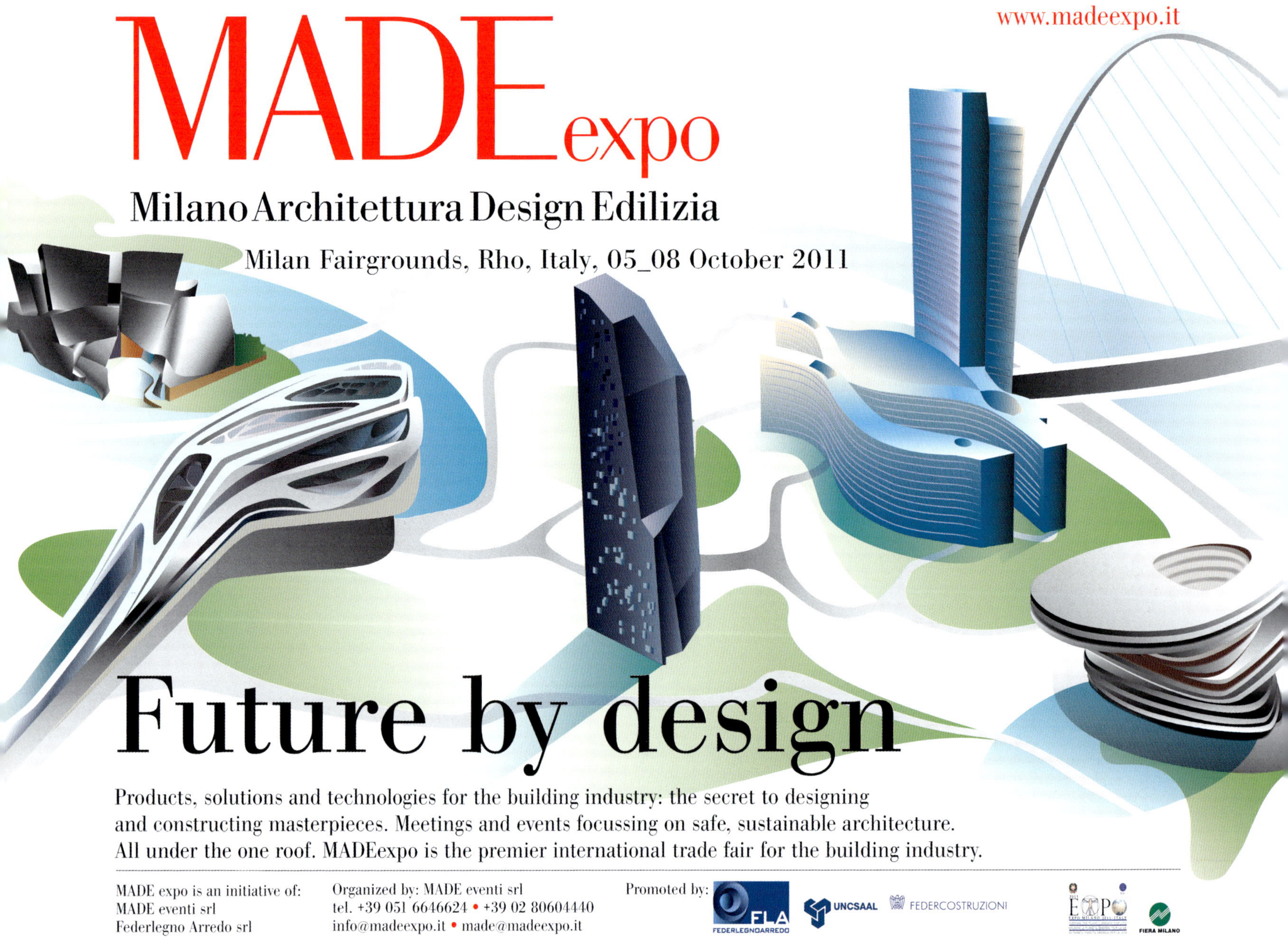

MADEexpo

www.madeexpo.it

Milano Architettura Design Edilizia

Milan Fairgrounds, Rho, Italy, 05_08 October 2011

Future by design

Products, solutions and technologies for the building industry: the secret to designing and constructing masterpieces. Meetings and events focussing on safe, sustainable architecture. All under the one roof. MADEexpo is the premier international trade fair for the building industry.

MADE expo is an initiative of:
MADE eventi srl
Federlegno Arredo srl

Organized by: MADE eventi srl
tel. +39 051 6646624 • +39 02 80604440
info@madeexpo.it • made@madeexpo.it

Promoted by:

COME AND DISCOVER OUR HISTORICAL CITY

VALMONTONE ITALY

CITTA' VALMONTONE

L'ARTE DEL RESTAURO CON
LE RADICI NELLA TRADIZIONE

Bari - Teatro Petruzzelli

Roma - Palazzo Barberini

Roma - Palazzo Barberini

Napoli - Teatro di San Carlo

Sede Legale: Via Selva, 101
Uffici Amministrativi: Via Monte Pollino, 3 - 70022 ALTAMURA (BA)
Tel. 080.3103067 - 080.3142735   Fax 080.3140572
C.F. e P.IVA 06605700720
www.cobarspa.it

ITALIAN HIGH DESIGN AND HIGH TECHNOLOGY

**CATALOGO DELLA MOSTRA PRESSO IL PADIGLIONE WTCA
ESPOSIZIONE SHANGHAI 2010**

Progetto realizzato con il contributo della Regione Lazio, l.r. 5/2008

EDITORIALI
EDITORIALS

- **6** Esportare L'architettura
  Export Architecture
- **8** Design e Tecnologia
  Design and Technology
- **9** Ra(p)Presentare il Sistema-Paese
  Gli spazi della comunità
  Re-Presenting the Sistema-Paese
  Spaces for the Community
- **10** Un tentativo riuscito
  A successful attempt
- **12** The Silk Road Map show
  The Silk Road Map show
- **15** Roma Capitale a Shanghai
  Roma Capitale at Shanghai
- **16** "L'immagine di Roma"
  "The image of Rome"
- **17** PMI e Internazionalizzazione, quando l'aggregazione diviene gioco di squadra di successo
  SMEs and Internationalization, when aggregation is a successful team work

MOVIMENTO
MOVEMENT

- **22** Metrostudio
  Waterfront Park nel Distretto Centrale di Baoan
  Baoan Central District Waterfront Park
- **26** Ufo+Westminster University Of London
  Riqualificazione Porto e funivia di Milazzo
  Marina development and cable car Milazzo
- **30** Andrea Giunti
  La Porta del Mare - Corridoio Colombo
  The door of the Sea - Corridoio Colombo
- **32** Barreca&La Varra
  Paesaggi Liquidi: i pontili del Po
  Liquid Landscapes: decks on the Po river
- **34** Erregi
  Metropolitana di Roma Linea C, Stazione Malatesta
  Rome Underground Line C, Malatesta Station
- **41** Arata Isozaki Associati
  Stazione di Bologna
  Bologna Station
- **42** Zaha Hadid, P. Schumacher
  Nuova stazione alta velocitá Napoli
  New High-Speed Station Napoli
- **43** Foster&Arup
  Stazione Alta Velocitá Di Firenze Belfiore
  High-Speed Station Firenze Belfiore
- **44** Silvio D'Ascia Arch.
  Nuova stazione ferroviaria Porta Susa, Torino
  New railway station Porta Susa, Torino
- **48** ABDR
  Nuova stazione alta velocità Roma Tiburtina
  New Tiburtina high-speed rail station in Rome
- **52** Tecnolav Engineering+Ricci&Spaini
  Progetto preliminare della Metropolitana leggera di Sassari
  Sassari light rail preliminary design

RESTAURO
RESTORATION

- **56** HOF
  Palazzo Grossi - Nuova sede del centro servizi tecnici del comune di Perugia
  Palazzo Grossi - New head office of Perugia's municipal technical department
- **58** ABDR
  Restauro e ampliamento del museo archeologico nazionale di Reggio Calabria
  Reconstruction of the national archaeological museum of Reggio Calabria
- **62** T Studio
  Restauro e riuso dell'ex chiesa dell'Annunziata da adibire a museo d'arte contemporanea
  Restoration and reconstruction of the ex-church "Annunziata" to be used as a museum of contemporary art
- **64** Donati Tringali
  Cattedrale di Noto
  Noto Cathedral

70 **Gennaro Farina**
Consolidamento antisismico e recupero del Palazzo Doria Pamphilj
Architectural and artistic Restoration of Palazzo Doria Pamphilj

77 **Cherubini MIBAC**
Palazzo Barberini
Barberini Palace

PRODUZIONE
PRODUCTION

84 **Studio Professionisti Associati**
Riqualificazione del quartiere fieristico internazionale della Sardegna
New fair complex of Sardinia

88 **Raffaele Cutillo OfCA**
Argyle Shiji Bai Grand International Hotel, Shiyan
Shiyan Argyle Shiji Bai Grand International Hotel

90 **Ariatta+Buro Happold**
Progetto Porta Nuova - Garibaldi
Porta Nuova – Garibaldi Project

96 **Studio Amati Architetti**
Stabilimento di Alenia Aeronautica per la produzione del Boeing B787
The Alenia Aeronautica fabrication plant for the new Boeing B787 aircraft

100 **Giuseppe Manara & Partners**
"Ospedale S.Maria della Misericordia di Rovigo". Nuova hall di ingresso e piastra tecnologica
"S.Maria della Misericordia di Rovigo Hospital". New entrance hall and diagnostics therapeutics building

106 **Giacomini Spa**
Hotel San Rocco
San Rocco Hotel

112 **Made expo**
Fiera internazionale dell'architettura e dell'edilizia
Building and architecture international fair

118 **Reconsult+Francesco Pellegrino Arch.**
Iberotel Apulia, Marina di Ugento
Iberotel Apulia, Marina di Ugento

VIVERE BENE
LIVE WELL

124 **Studio Performa**
Parco multifunzionale per lo sport e l'intrattenimento "Parco delle Stelle"
Multifunctional Sport & Entertainment Park "Parco delle Stelle"

128 **Benedetti/Lantschener**
Il Progetto Casaclima
The Casaclima / Klimahaus Project

130 **Studio Gasparrini**
Piano Urbanistico Attuativo per le aree di proprietà del gruppo Kuwait
Detailed Urban Plan for the areas owned by Kuwait Company

132 **Obr**
Comparto residenziale Milanofiori
Milanofiori Residential Complex

138 **De8 architetti+2 architetti**
Grattacielo Pirelli, il Belvedere al 31° piano
Pirelli skyscraper, the 31° floor Belvedere

140 **Abdr**
Nuovo Auditorium Parco della Musica di Firenze
The New Auditorium Parco della Musica in Florence

144 **Sudarch**
Parco della Memoria a San Giuliano di Puglia (Cb)
Memory Park in S. Giuliano di Puglia (Cb)

146 **Z_00 Architecture. Bureau**
Everyday Urbanism
Everyday Urbanism

148 **Domenico Perrone**
Presidio di riabilitazione funzionale
Functional rehabilitation facility

150 **Zevi+Tamburini**
Museo nazionale della Shoah
National Holocaust museum

146 **BRAU Roccheggiani+Battistelli**
Edificio residenziale Ex Umberto I
Residential Building Ex Umberto I

NEW ITALIAN BLOOD

154 La road map della seta per l'UNESCO
The silk road map for UNESCO

158 Vincitori del Concorso
Winner of the competition

184 Partecipanti Selezionati
Selected participants

198 EXHIBITION

MAPPA DEI PROGETTI
PROJECTS MAP

Metrostudio

Raffaele Cutillo OfCA

Esportare L'architettura

Braccio Oddi Baglioni Presidende OICE

La sfida verso l'internazionalizzazione vede le società di architettura e d'ingegneria dell'OICE in prima fila per riprendere quel primato intellettuale che negli anni '60 ci pose all'avanguardia nello scoprire nuovi mercati.
Dopo molti anni in cui, tranne poche eccezioni, i progettisti italiani si sono dedicati al mercato domestico, la spinta verso orizzonti meno casalinghi è data da una parte da una crisi economica globale che tende a cercare il mercato là dove l'economia è in forte espansione, dall'altra, caduti i tabù culturali per i quali ci sentivamo colonizzati da culture architettoniche straniere, la risposta d'orgoglio di professionisti che si sono resi conto che il loro know-how è ricercato ed invidiato in molti paesi del mondo.
In effetti l'architettura italiana ha alcune archistar, ma è soprattutto famosa per la sua capacità di costruire il territorio con una serie di episodi di buona levatura che, se non raggiungono apici altissimi, alzano fortemente la media del costruito: questa è una capacità che la cultura italiana ha da oltre mille anni: la città medievale e poi quella rinascimentale e via via fino a quella dell'800 ha sì alcuni edifici maggiori (la Cattedrale, il Palazzo del Capitano del popolo, il Municipio, etc.) ma si distingue soprattutto per trovare nella sommatoria dell'edilizia minore (la casa di civile abitazione, la casa colonica, il pozzo) la sua cultura e la sua eccellenza. L'OICE ormai da alcuni anni si è preoccupata di dare alle piccole e medio strutture di architettura e d'ingegneria gli strumenti per poter affrontare un mercato estero abituato a strutture ben più complesse di quelle a cui siamo avvezzi in questo paese.
In questi anni decine di nostri iscritti si sono affacciati in mercati stranieri riportando successi insperati che li hanno potuti consolare dello scarso valore che si dà in Italia all'architettura.
Grazie ad accordi con il Ministro dello Sviluppo Economico e con il Ministro Affari esteri sono stati finanziati a fondo perduto missioni e studi di fattibilità, grazie alle "antenna OICE" attivate in alcune capitali estere, i nostri iscritti sono stati informati in modo tempestivo di come evolvevano i mercati. Questo grosso sforzo è stato fatto, evidentemente, in primis verso i paesi dell'area del Mediterraneo e verso quelli di nuova adesione alla Comunità europea. Adesso è il momento della grande svolta e di affrontare quelli che sono i mercati di domani: i paesi del BRIC. L'OICE

Export Architecture

Braccio Oddi Baglioni OICE President

The Architectural and engineering companies associated to OICE are on the front line to represent nowadays the intellectual excellence that was recognized to the Italian consultancy during the 60s.
For many years, apart for few exceptions, the Italian consultants have focused on the domestic market. the spur towards foreign markets came from a global economic crisis which induced consulting companies to address markets where economy was in a rapid expansion. On the other hand the appreciation of the Italian Architectural expertise coming from different foreign markets induced proud Italian professional consultants to overcome the cultural gap with other architectural cultures.
Objectively Italian Architecture expresses what we could call Archistars. However Italian architecture is mostly known for it's ability to design the territory with good quality projects, with an harmonious average in the constructions. This is a peculiarity that has been specific to Italian culture for more than a thousand years. From medieval up to the renaissance and the XIXth century, towns were characterized by the sum of minor constructions (the living house, the country house, the well) and a few major constructions such as the cathedral, the municipality and the governors' house. In the last years OICE has offered it's engineering and architecture associates an instrument to sustain them in their activity on foreign markets where they must confront with bigger competitors. In these years numerous members have prospected foreign markets obtaining unexpected results and demonstrating how unfair was the little consideration Italian architecture received at home.
Thanks to the support of the Italian Economic Development Ministry and with the Italian Ministry of Foreign Affairs Consulting companies have received a contribution to implement missions and feasibility studies that have been performed on strategic foreign markets. Further more, a network of business promoters operating in strategic foreign capitals have informed the engineering companies on market trends. This important effort has been primarily oriented on the Mediterranean area and towards EU new member countries. Now is time to give a strong acceleration towards tomorrows markets: the BRIC countries. OICE has sustained the penetration of its companies in the Russian Federation obtaining for its associates the

ha già, un paio di anni fa, favorito la penetrazione delle nostre società in Russia in vista dell'Olimpiadi invernali di Sochi ed una società nostra iscritta vinse il progetto del nuovo porto di Sochi. Sempre all'interno del progetto olimpiadi si è portato avanti un'ipotesi per la costruzione di due quartieri inseriti nel contesto del villaggio olimpico chiamati "piccola Venezia" e "piccola Milano". Adesso con la mostra dell'EXPO di Shanghai l'OICE porta le nostre società alle porte dell'Oriente.

E' evidente la difficoltà di un mercato così diverso dal nostro come quello cinese, ma è mia convinzione che i cinesi hanno bisogno dei concept dei nostri designers mentre noi possiamo utilizzare un mercato in febbrile espansione. Già varie società iscritte all'OICE sono presenti nel paese, la mostra è stata la prima di una serie di iniziative che l'OICE, anche in concomitanza con l'anno Italia-Cina che si sta aprendo, intende avviare a supporto dei suoi iscritti nella convinzione che l'eccellenza italiana che pure esiste, debba essere supportata dal sistema paese cosa che purtroppo a Shanghai non è successo: se non fosse stato per le nostre iniziative l'architettura nostrana sarebbe stata totalmente ignorata all'interno dell'Expo giacché i curatori del Padiglione Italia hanno affermato più volte che non ritenevano l'architettura italiana un valore esportabile.

Il grande successo della rassegna dimostra quanto errata fosse questa opinione. I cinesi guardano con grande interesse al nostro paese, l'OICE intende dare questa possibilità alle società di architettura e di ingegneria italiane. C'è da augurarsi che le istituzioni pubbliche facciano la loro parte perché l'intero sistema paese supporti l'esportazione di un gran valore che abbiamo: il know-how architettonico.

assignment of the tender for the modernization of the port of Sochi just a few months before this city was assigned the 2014 winter Olympic games. Later, within the Olympic framework, projects for the construction of two locations called "Little Venice" and "Little Milan" have been designed by Italian architects. Now with the participation to the Shanghai EXPO, OICE opens to its associates the gates to the oriental markets.

The Chinese market, so different from the Italian one is and obvious challenge for Italian consulting companies. However I, as President of OICE, am convinced that the Chinese will appreciate the concepts of our designers whereas we can contribute to a market in sustained expansion. Different companies members of OICE already operate on the Chinese market. The participation to the EXPO has been the first among a series of activities that OICE intends to implement, within the framework of the "China Year in Italy", in order to sustain the activities of its members.

The Italian architecture companies can express a level of excellence that deserve to be sustained on foreign markets by Italian Institutions. Hadn't it been for OICE's initiative, Italian Architecture would have been totally ignored within the EXPO. Incomprehensively the organizers of the "Padiglione Italia" repeatedly declared that they did not consider Italian architecture an exportable value. The great success of our exposition proves how wrong this opinion was. Chinese look with great interest to our country and OICE intends to promote this favorable approach within its engineering and architectural companies. We are confident that Italian public institutions will work in such a way that, in the future, the country will promote the export of a great Italian value: the Italian Architectural know how.

Design e Tecnologia:
Il perché di un successo internazionale dei progetti Made in Italy

Giampaolo Imbrighi Professore di Tecnologia
e Materiali innovativi alla Sapienza Università di Roma

A supportare fortemente le ragioni di una presentazione di progetti italiani sulla materia era già il tema stesso dell'Expo, "Better City, Better Life", che lanciava proprio questa sfida: lo stesso tema, è stato interpretato come messaggio ed auspicio anche nella progettazione di oggetti e nuovi spazi a misura d'uomo, in simbiosi con modelli di vita sociale contemporanei che pongano sempre l'uomo al centro dell'attenzione nell'esigenza di operare una progettazione sostenibile ed energeticamente efficiente. Lo stesso Padiglione Italiano rappresenta un esempio del contributo che l'Italia è stata capace di fornire a questo momento di confronto internazionale, anche in termini di innovazione dei materiali a disposizione. Infatti la luce è l'elemento determinante del progetto, la trasparenza è la vera protagonista del Padiglione che si manifesta nella più tradizionale consistenza del vetro fino a spingersi alla trasparenza delle superfici opache nello specifico il "calcestruzzo trasparente". Si è ritenuto, infatti, che questa fosse l'occasione migliore per approfondire alcune esperienze che si stanno affacciando nel panorama mondiale e che consentisse una capacità di trasparenza dell'involucro stesso, un materiale denominato "cemento trasparente". Ma la capacità progettuale italiana dispone di un altro forte specificità scientifica acquisita in molte esperienze pregresse: la componente di sostenibilità. Così anche il Padiglione è stato fondamentalmente pensato come una "macchina" dal particolare funzionamento che scaturisce da un equilibrato contemperarsi di strategie bioclimatiche attive e passive unite ad un accurato utilizzo di scelte impiantistiche appropriate al dialogo con tali strategie. L'esigenza di operare nella direzione di una progettazione sostenibile ed energeticamente efficiente, del resto contenuta nel tema di tutta l'Expo 2010, ha imposto di perseguire una forte integrazione nel progetto tra gli aspetti architettonici, energetico-ambientali, impiantistici e tecnico-costruttivi, ma anche in termini di riciclabilità dei materiali. Tutto questo individua un nuovo modo di progettare l'oggetto e l'architettura basato non solo sul risparmio energetico o sull'uso di materiali riciclati, ma su concrete applicazioni di metodologie innovative dove efficienza ed efficacia fossero tangibili.

Design and Technology:
The whys of the international success of Made in Italy projects

Giampaolo Imbrighi Professor of Technologies
and Innovative Materials at Sapienza University of Rome

To support strongly the reasons for a presentation of Italian projects on the subject was the same theme of the Expo, "Better City, Better Life", that has been coined sharply to launch this challenge: the same theme has been interpreted as a message and auspice also in the design of new spaces on a human scale, in symbiosis with models of contemporary community life which always focus on the human being and the importance of sustainable and energy-efficient architectures. The Italian Pavilion, itself, is an example of the contribution that Italy was capable of providing this moment of international comparison, also in terms of available innovation of materials. So light is the crucial element of the project, transparency is the true protagonist of the Pavilion it occurs in the more traditional texture of the glass to arrive to the transparency of opaque surfaces in particular the translucent concrete. It was felt, in fact, that this was the best opportunity deepen experiences that are facing in the world and that allowing a capacity of transparency of the covering itself, a material known as transparent cement. But Italian design skills have another strong scientific specificity, gained in many previous experiences: the component of sustainability. So even the Pavilion has fundamentally also been conceived as a "machine" of which particular function is the result of an equilibrated harmonization of active and passive bioclimatic strategies combined with an accurate use of the systems, which have been, adapted to these strategies. The need to focus on a sustainable and energy-efficient design, which is indeed part of the theme of the entire Expo 2010, has made it necessary to pursue a profound integration between the different elements as architectural and energetic environmental aspects, systems and technical-constructive issues, but also in terms of the recyclability of the materials. All this finds a new way of designing the object and the architecture based not only on energy savings or use of recycled materials, but on practical applications of innovative methods where efficiency and effectiveness were tangible.

Ra(p)Presentare il Sistema-Paese
Gli spazi della comunità

Luigi Centola - Centola & Associati
Editore Newitalianblood.com

L'obiettivo condiviso per l'Expo di Shanghai era costruire una mostra dove presentare al meglio il nostro Paese, attraverso la sinergia tra professionisti che fanno ricerca, aziende che sperimentano materiali e tecnologie, enti pubblici e amministrazioni che puntano sui concorsi e sulla qualità delle politiche di rinnovamento urbano. Un riconoscimento importante per un settore fondamentale del sistema-paese che sostiene l'economia italiana, al nord e al centro, al sud come nelle isole, e che si affaccia con professionalità anche sui mercati internazionali.
La filiera delle costruzioni non ha nulla da invidiare ad altri prodotti eccellenti del made in Italy come la moda, il design, l'arte o il food, per di più, spesso, consente di migliorare le condizioni di vita delle nostre città e di tutelare l'ambiente. Infrastrutture per la mobilità, spazi pubblici e luoghi d'incontro, residenze sociali o a costi contenuti, luoghi per la cultura, lo sport, il commercio e la memoria dimostrano come il pregio della nostra migliore architettura e ingegneria, risieda nella realizzazione di spazi da vivere in comunità.
A nome anche dei tanti giovani progettisti invitati ad esporre a Shanghai, sia attraverso la mostra "High Design - High Technology" che il concorso "Silk Road Map" ideato e realizzato online da Newitalianblood.com, vorrei ringraziare l'OICE, il Presidente Braccio Oddi Baglioni e i tanti professionisti che hanno contribuito alla realizzazione di quest'evento per la fiducia e l'occasione accordataci. Anche nella sterminata Cina il piccolo ma competitivo sistema-paese Italia, nonostante manchino ancora programmi di internazionalizzazione strutturati, può competere con successo se punteremo sinergicamente su creatività e qualità.

Re-Presenting the Sistema-Paese
Spaces for the Community

Luigi Centola - Centola & Associati
Editor of Newitalianblood.com

The common objective for the Shanghai Expo was the creation of an exhibition to present the best that Italy has to offer, the synergy between professionals involved in research, businesses experimenting with materials and technologies, public entities and governing bodies who make use of competitions and focus on the quality of policies for urban renewal. An important recognition for a fundamental sector of the so-called sistema-paese (National Economic System) that supports the Italian economy, in the North, the Centre and the South and on the Islands, and which presents itself with professionalism in international markets. The processes of building is in no way inferior to the other excellent products Made in Italy, such as fashion, design, art and food; what is more, it often consents an improvement in living conditions in our cities and allows us to protect the environment. Infrastructures for mobility, public spaces and spaces of encounter, social or low-cost housing, spaces for cultural activities, sport, commerce and memory, all demonstrate that the value of our best architecture and engineering is to be found in the realization of spaces to be inhabited as a community.
On behalf of the many young professionals invited to present their work in Shanghai, as part of both the exhibition "High Design - High Technology" and the competition "Silk Road Map", created and realized by Newitalianblood.com, I would like to thank OICE, its President Mr. Braccio Oddi Baglioni and the many professionals who contributed to the realization of this event, for the trust and opportunity presented to us. Even within the infinite China, the small though competitive Italian sistema-paese, notwithstanding a lack of structured programmes for internationalisation, it is able to successfully compete when we synergistically focus on creativity and quality.

Un tentativo riuscito

Eleonora Smargiassi CIAO Group

中国, Zhōngguó, Paese di Mezzo, Cina: nome antico che ricalca la storia di una terra che è stata al centro della ricchezza mondiale per millenni e che oggi torna ad esserlo, centro della massima concentrazione di nuovi consumatori, produttori, tecnologie.
Le chiavi del mercato più promettente del mondo attuale sono in Cina: il PIL aumenta di anno in anno di percentuali imbarazzanti rispetto a quelle europee, così come il reddito pro capite. Il mercato continua a svilupparsi senza soluzione di continuità e sempre di più le industrie straniere ne sono attirate, essendo meta principale degli investimenti mondiali.
Le grandi città cinesi cercano di raggiungere le metropoli americane ed occidentali: ed ecco crescere come funghi megalopoli multicolore, fitte di grattacieli e luci sfavillanti.
Ma queste città immense, che vedono triplicare i propri abitanti e le attività produttive di giorno in giorno, adottano come unica soluzione una edificazione senza controllo, periferie di cemento con palazzi che sfiorano i 100 metri: una grigia giungla con colori al neon. Addentrandosi, però, come nelle città invisibili di Calvino, altri tessuti affiorano nel cuore delle megalopoli, quasi a ricordare che un modo di vivere diverso è possibile: il tessuto dell'antica convivenza sociale, gli hutong, ci dice che la tradizione culturale cinese è ben distante dalla globalizzazione attuale, c'è la necessità di far riemergere la memoria. L'urbanistica ha il potere di regolare i ritmi della vita se pensata a misura d'uomo: la bellezza dei centri storici delle nostre città italiane, la sapiente cultura dei borghi medioevali, i paesaggi fiabeschi delle colline umbro-marchigiane e toscane…
È in questa chiave di lettura che il CIAO Group, formato da quattro società romane (Lenzi Consultant, Polis Ingegneria S.r.l., Reconsult S.p.a., Studio Amati) decide di provare ad entrare nel mercato cinese: esportare l'italian way of life, il know how che ci contraddistingue con più di duemila anni di storia.
L'Alto Design Italiano unito all'avanguardia dell'Alta Tecnologia costituiscono il biglietto da visita del gruppo, capace di garantire proposte progettuali di eccellenza basandosi su un know-how che rende l'architettura italiana altamente qualificata, oltre che famosa in tutto il mondo e globalmente apprezzata. Ad un anno dall'apertura di un ufficio in Chengdu, città della

A successful attempt

Eleonora Smargiassi CIAO Group

中国, Zhōngguó, Middle Country, China: an ancient name closely following the history of a land which has been at the core of the world's wealth for centuries and which regains today the same place as centre of maximum density in new consumers, manufacturers, technologies.
The keys to the most promising market in the present world are in China: The GIP shows each year embarrassing growth rates compared to the European ones, as does the per capita income. The market keeps expanding without interruption and foreign industries are increasingly attracted by this new and growing market, the main goal of global investments.
The large Chinese cities try to reach the size of the U.S. and Western metropolitan areas: and multi-coloured giant cities grow like mushrooms, thick with skyscrapers and glittering lights.
And yet these huge cities, tripling their inhabitants and productive activities day by day, adopt a deregulated development as the only solution, concrete suburbs with buildings nearly one-hundred meters high: a drab jungle with neon colours. Nevertheless, by going deeper as in Calvino's Invisible Towns, other textures surface at the heart of the mega cities, as if to remind that a different lifestyle is possible: the fabric of the ancient social life, the hutong, reveals that China's cultural tradition is by far distant from the current globalization; there is a need for memory to resurface.
Town planning, provided it is conceived on a human scale, has the power to adjust the rhythms of life: the beauty of our Italian cities' historic centres, the learned culture of the medieval villages, the fairy landscapes of the hills of Umbria, Marche and Tuscany…
This is the interpretation which CIAO group, the association among four Roman Architectural Consulting Firms (Lenzi Consultant, Polis Ingegneria S.r.l., Reconsult S.p.a., Studio Amati) decides to adopt in order to enter the Chinese market: exporting the Italian way of life, the know-how that makes us different through over two thousand years of history.
High Italian Design joins the avant-garde of High Technology in defining the group's business card, a team capable to guarantee design proposals of excellence deriving from a know-how which makes Italian architecture highly qualified, besides world famous and globally valued. One year after opening a branch office at Chengdu, a city in the Sichuan region, CIAO

regione del Sichuan, il CIAO risulta vincitore del secondo premio di un concorso riguardante la progettazione di un'area di circa 66 ha; quarto posto in un concorso per la progettazione urbanistica di un'area di circa 2600 ha; incarico nella progettazione di due grattacieli per alberghi ed uffici nella città di Reinshu.

L'OICE ha inoltre deciso di affidare al CIAO l'organizzazione della Mostra "Alto Deisgn – Alta tecnologia italiani", grazie a cui il CIAO ha anche ricevuto un riconoscimento alla carriera dal sindaco di Roma, Gianni Alemanno. La strada è sicuramente molto lunga e difficile, la cultura e il governo cinesi non guardano di buon grado le incursioni esterne, bisogna saper convivere con la loro storia e le loro leggi.

中国 Paese di Mezzo. Il primo simbolo rappresenta una linea che attraversa un riquadro, un bersaglio colpito al centro. Il secondo ideogramma simboleggia graficamente tre perle di giada 玉 (che in Cina è simbolo di bellezza e preziosità) disposte su di un filo, a loro volta protette da un recinto口, come qualcosa di prezioso che vada preservato e difeso.

is second prize winner in a contest for the design of an area of nearly 66 hectares; is fourth in a town planning contest of an area of roughly 2600 hectares; is assigned the design of two hotel and office towers for the city of Reinshu.

OICE (the Italian Association of Architectural and Engineering Consulting Firms) has in addition determined to entrust CIAO with the design of the exhibition "Alto Deisgn – Alta tecnologia italiani", for which the Group has been awarded a carreer acknowledgment by the Major of Rome, Gianni Alemanno. The road laying ahead is very long and hard indeed, foreign incursions are not willingly received by China's government and cultural system, it's mandatory to partake in their history and laws.

中国 Middle Country. The former symbol stands for a line crossing a square, a target being hit at the centre. The latter ideograph graphically symbolizes three jade pearls 玉 (which stands in China for beauty and preciousness) aligned on a string, in turn protected by a fence 口, as something precious to be defended and conserved.

The Silk Road Map Show

Mosè Ricci Progettista della Mostra

Il progetto di allestimento della mostra allude all'idea della città italiana e tende a proiettare il visitatore in questa specifica dimensione. La pianta stessa del progetto espositivo è come una voluta, una chiocciola, un interno di città ideale. L'immagine delle opere di architettura e ingegneria che l'Italia presenta con questa mostra in Cina è legata alle realizzazioni e ai progetti ma anche alle idee di creatività e ingegno che il nostro paese ha sempre rappresentato nel mondo. Esportiamo idee, cultura e tradizione. Queste sono le nostre risorse che la mostra intende rappresentare attraverso i progetti esposti e attraverso le persone che li producono. Così le diverse sezioni della mostra diventano personaggi nelle figure chiave del Rinascimento italiano.
Le sezioni che costituiscono le fondamenta e lo svolgimento della costruzione ideologica e materiale della Mostra sono cinque: vivere bene; produzione; restauro; movimento, silk road map.
L'allestimento si divide in due parti per consentire diversi livelli di approfondimento: la prima, dedicata al concorso internazionale Silk Road Map, è collocata all'ingresso dell'esposizione in un passaggio dove è previsto un flusso di circa 20 mila persone al giorno. Qui l'attenzione del visitatore, anche il più frettoloso, è catturata dal grande altorilievo rosso, una sorta di grande carta geografica, che scorre lungo tutta la parete di fondo della "piazza" italiana per una lunghezza di circa 14 metri. Sul campo rosso scuro del planisfero si stagliano l'Italia e la Cina collegate tra di loro dalla via della seta in verde, segno tangibile della vicinanza del rapporto culturale italo - cinese. I progetti vincitori del concorso internazionale online sono esposti nella parete a seguire, stampati su pannelli di tessuto retroilluminati.
Il cuore dello spazio pubblico della mostra è rappresentato da un'installazione centrale pentagonale con le figure dell'ingegno italiano. Così Raffaello rappresenta il VIVERE BENE, Leonardo il MOVIMENTO, Federico da Montefeltro la PRODUZIONE, Palladio il RESTAURO, Marco Polo infine la VIA DELLA SETA. Dentro il pentagono sono collocati 5 touch screen (uno per ogni sezione) che consentono al visitatore più attento di approfondire i dettagli di ogni singolo progetto a seconda della sezione di suo interesse. Le pareti della sala, come le mura della città antica italiana avvolgono

The Silk Road Map Show

Mosè Ricci Exhibition Designer

The exhibition design refers to the idea of the Italian city and tends to project the visitor in this specific dimension. Even the plan of the design project is like a snail, an extension of the ideal city.
The Italian architectural and engineering works presented in this China exhibition are linked to the realizations and projects but also to the concepts of creativity and talent that always represented our country in the world. We export ideas, culture and tradition. These are our resources, the ones that the exhibition wants to display through the projects and the people who produced them. For example the different sections of the exhibition become characters in the key figures of the Italian Renaissance. There are five sections that constitute the base of the ideological and material construction of the exhibition: LIVE WELL, PRODUCTION, RESTORATION, MOVEMENT, SILK ROAD MAP.
The exhibition is divided into two parts to allow different reading levels: the first one is dedicated to the Silk Road Map international competition and it is placed at the entrance hall, in a passage where there is a flow of about 20 000 people a day. Here the visitor's attention, even the most hurried, is captured by the great red relief, like a big map, which runs along the back wall of the Italian "square", for a length of about 14 meters. On the dark red map of the world Italy and China stand out, linked together by the silk route in green, a tangible sign of their close cultural relationship. The winning projects of the international online competition are exhibited in the next wall, printed on backlit fabric panels.
The heart of the exhibition's public space is represented by a pentagonal installation where the actors of Italian Renaissance stand out. So Raphael is the LIVE WELL, Leonardo the MOVEMENT, Federico da Montefeltro the PRODUCTION, Palladio the RESTORATION, Marco Polo, finally, the SILK ROAD. Inside this element there are 5 touch screen (one for each section) that allow the closer visitor to delve into the details of each project, depending on the section of interest. The walls, like the ancient Italian city walls, surround the central square of the exhibition. Each wall presents a section of projects on stretched fabrics.
From the 4 +1 sections, LIVE WELL, MOVEMENT, PRODUCTION, RESTORATION, SILK ROAD MAP, a clear fact emerges. The Italian archi-

la piazza centrale luogo della mostra. Ogni parete espone una sezione di progetti su teli tesi. Dalle 4+1 sezioni, VIVERE BENE, MOVIMENTO, PRODUZIONE, RESTAURO, SILK ROAD MAP, emerge un fatto chiaro. L'architettura e l'ingegneria italiane ci sono. Sono presenti e competitive nel panorama internazionale sia come qualità delle realizzazioni che come qualità dei progetti. Si tratta di un patrimonio che possiamo esportare a dispetto delle politiche culturali delle nostre grandi riviste di architettura e delle Istituzioni che quasi sempre inseguono altri obiettivi invece che promuovere la qualità dei progetti e delle tecnologie del nostro paese.

tecture and engineering do exist. They are competitive on the international scene both for the quality of the realizations and for the quality of the design. It is a heritage that we can export in spite of the cultural policies of our great architectural magazines and institutions that, almost always, pursue other goals instead of promoting the quality of projects and technologies of our country.

Roma Capitale a Shanghai

On.le Gianni Alemanno Sindaco di Roma

Roma Capitale ha scelto di confrontarsi con le grandi capitali mondiali partecipando con specifici eventi all'Expo di Shanghai 2010.
Nelle intense giornate trascorse in Cina tra Pechino e Shanghai, negli incontri avuti in sedi istituzionali ed universitarie, ho avuto modo di incontrare protagonisti della realtà cinese che hanno espresso giudizi lusinghieri, sulla capacità, tutta italiana, di intrecciare il nostro patrimonio di conoscenza ed esperienza derivante dalla cultura millenaria, con le avanzate innovazioni nei settori delle tecnologie e dei materiali.
Abbiamo siglato in Cina significativi accordi di cooperazione che fanno di Roma Capitale un interlocutore importante delle città cinesi più grandi. La mostra illustrata in questo catalogo, ideata e promossa dall'OICE, organizzata e gestita dal CIAO Group, rappresenta una realtà italiana e romana di cui andare fieri. Sono lieto di aver consegnato il premio alla carriera a questo gruppo di architetti e ingegneri che si sono riuniti nel CIAO Group ed operano stabilmente in Cina. La mostra è una felice sintesi dello scenario progettuale italiano capace di dimostrare la vitalità di questo settore, nonostante la crisi economica europea ed italiana.
Nel 2015 si inaugurerà l'Expo a Milano e mi auguro che in quella occasione si potrà apprezzare la realizzazione italiana di un grande evento mondiale. Basandomi sulla conoscenza dei progettisti italiani sono sicuro che, anche in quella occasione, sapremo ricoprire un ruolo importante nello scenario internazionale dell'architettura contemporanea.

Roma Capitale at Shanghai

On.le Gianni Alemanno Mayor of Roma

Rome Capital City has chosen to compete with the great World Capitals by partaking the Shanghai Expo through specific events.
During the busy days spent in China between Peking and Shanghai, in the meetings held at institutional and university venues, I had the chance to see key players of the Chinese reality who were very appreciative of the all-Italian ability to weave the knowledge and experience legacy deriving from our millenary culture, with the advanced innovations in technology and materials.
We have initialled significant cooperation agreements in China which make Rome Capital City a prominent partner dialoguing with the largest Chinese cities. The exhibition described in this catalogue, conceived and promoted by OICE, arranged and managed by CIAO Group, is an Italian and Roman feat to be proud of. I was glad to present this group of architects and engineers, members of the CIAO Group and steadily operating in China, with the Career Award. The exhibition is a happy display of the Italian design environment and it effectively proves the vitality of this field of activity, in spite of the European and Italian economic crisis.
I wish that the next World Fair, opening in Milan in 2015, will be an opportunity to appreciate the Italian capability to carry out a great World event. For my knowledge of Italian designers I am positive that, even in that occasion, we shall be able to play a prominent role in the International arena of contemporary architectural design .

"L'immagine di Roma" e la vivacità degli architetti romani

Francesco Orsi delegato del Sindaco di Roma per l'Expo di Shanghai

E' con vivo piacere che intervengo nella presentazione di questo catalogo frutto della mostra "Alto Design, Alta Tecnologia Italiana", tenutasi a Shanghai dal 6 al 13 ottobre 2010, e che ha rappresentato un importante momento di visibilità dell'architettura italiana e romana nell'importante cornice internazionale.

Ho lavorato circa un anno, come delegato dal Sindaco Alemanno, per l'Expo di Shanghai, affinché l'immagine di Roma potesse essere comunicata al meglio all'interno dell'Expo Mondiale.

In questa veste, ho più volte incontrato i rappresentanti del CIAO Group ed ho apprezzato il notevole sforzo professionale, economico ed imprenditoriale teso a far conoscere la loro capacità progettuale nell'enorme mercato cinese, nel quale hanno iniziato ha raccogliere significativi successi. Questo lavoro di coordinamento della presenza di Roma Capitale a Shanghai, è stata l'occasione per conoscere questa ed altre realtà vitali della nostra città e, per questo, ho proposto al Sindaco di insignire il CIAO Group con il premio alla carriera ed alla capacità di intraprendere, in scenari così lontani dalla realtà romana, ma in cui è ormai indispensabile confrontarsi, anche attraverso iniziative così importanti.

L'architettura italiana, ben rappresentata dalla mostra, ha dimostrato di essere all'altezza di sfide internazionali dimostrare che il "made in Italy" è vivo, vitale e apprezzato su questi mercati anche per i nostri progettisti.

I miei auguri al CIAO Group per ulteriori successi in Cina e negli altri paesi in cui sono impegnati, complimentandomi per il lavoro fin qui svolto e per questo catalogo che è stato in grado di fotografare un importante risultato conseguito dall'Architettura Italiana e Romana a livello internazionale.

"The image of Rome" and the vitality of Roman architects

Francesco Orsi representing the Mayor of Rome for the Shanghai Expo

It is my great pleasure to contribute to the introduction of this catalogue, deriving from the exhibition "High Design, High Italian Technology", held in Shanghai from October 6 to 13-2010, which has proved to be a key opportunity for Italian and Roman architecture to be visible on this most prominent International stage.

I have been working for nearly a year, as representative of Mr. Alemanno - the Mayor of Rome - for the Shanghai Expo, with the aim to effectively convey the image of Rome within the World's Fair.

In this role, I have met the representatives of CIAO Group many times and I have appreciated the considerable professional, economic and entrepreneurial endeavor devoted to divulge their designing capability within the huge Chinese market, where the group has gained significant achievements. Such coordination work of the presence of Rome as Capital City in Shanghai, provided me with the opportunity to become acquainted with this and other vital realities of our City and, consequently, I proposed to the Mayor to confer the Career Award on CIAO Group for their ability to carry out business in such remote scenarios from the Roman background, where it is presently mandatory to compete, even through initiatives as prominent as the Expo. Italian architecture, adequately represented in the exhibition, has proven fit to sustain International challenges, by showing that "made in Italy" is alive, vital and valued on these markets also thanks to our designers. My wishes to CIAO Group for further successes in China and other Countries they are engaged in, congratulations for the work done so far and for this catalogue which delivers the image of a key outcome achieved by Italian and Roman Architecture at an International level.

PMI e Internazionalizzazione, quando l'aggregazione diviene gioco di squadra di successo

Gianluca Lo Presti Direttore Generale Sviluppo Lazio S.p.A.

"House of Excellences in China" rappresenta un'esperienza di internazionalizzazione di successo dove attraverso l'aggregazione tra piccole e medie imprese è stata costituita una realtà imprenditoriale d'eccellenza in grado di competere sui mercati internazionali, e nel caso specifico in Oriente. E' la migliore testimonianza dell'efficacia della " formula" delle reti tra imprese, dove le capacità produttive ed imprenditoriali di ognuno vengono messe a fattor comune su un progetto di internazionalizzazione. Ed è grazie all'azione delle politiche regionali e degli interventi diretti ed indiretti previsti dalla Legge Regionale n. 5/2008, infatti, che è stato possibile sostenere, come nel caso del progetto C_I_A_O (China Italy Architectural Organization) l'aggregazione tra imprese ed accrescere all'estero il livello di visibilità del made in italy-made in Lazio. Una politica, realizzata attraverso Sviluppo Lazio e le attività di SprintLazio (Sportello regionale per i servizi all'Internazionalizzazione), finalizzata a promuovere le collaborazioni imprenditoriali internazionali, a definire progetti di penetrazione commerciale ed industriale, ad individuare partner locali e aggregare conoscenze e capacità vincenti anche sui mercati più rigidi. Una sfida da cogliere per avvicinare sempre più i mercati internazionali al Sistema Lazio e creare un network di competenze, servizi e contatti di eccellenza.

SMEs and Internationalization, When aggregation is a successful team work

Gianluca Lo Presti General Manager Sviluppo Lazio S.p.A.

"House of Excellences in China" is a successful internationalization project in which the aggregation of small and medium enterprises established an excellent business venture, able to compete on International markets and, specifically, on the East. It's the best attestation of the effectiveness of enterprise network "formula" , where companies join forces in putting their productive and entrepreneurial competences on a common field. Thanks to the internationalization policies based on direct and indirect assistance, regulated by the Regional Law n. 5/2008, it has been possibile to sustain the aggregation of enterprises and, as a consequence, to increase the level of competitiveness of the made in italy-made in Lazio, as in the project C_I_A_O (China Italy Architectural Organization).
These policies, accomplished by Sviluppo Lazio and Sprint Lazio's activities (the regional office for internationalization), aim to promote the collaboration among International entrepreneurs, to plan commercial and industrial projects, to identify local partners and to join knowledge and professional qualities that would be effective even on the most difficult markets. A challenge to be taken in order to raise the Lazio System to international levels and to create a network of excellent competences, services and contacts.

Better City, Better Life
Alto Design ed Alta Tecnologia Italiana

Comitato scientifico
Scientific board

Arch. Braccio Oddi Baglioni
Presidente OICE
OICE President

Arch. Luigi Centola
Centola & Associati,
Editore Newitalianblood.com
Newitalianblood.com Editor

Arch. Giampaolo Imbrighi
Progettista del padiglione italiano
Italian pavilion designer

Arch. Costanza Pera
Presidente II Sezione
Consiglio Superiore Lavori Pubblici
President of the II Section
High Council Public Works

Arch. Mosè Ricci
RicciSpaini, professore
Facoltà Architettura di Genova
RicciSpaini, Professor
of Genoa's Faculty of Architecture

Arch. Amedeo Schiattarella
Presidente Ordine Architetti di Roma
President of Rome's Order of Architects

Ing. Cesare Trevisani
Vice Presidente Confindustria
Vice President of Confindustria

Curatore/Curator

Patronato/Patronage

Coordinamento/Coordination

Con/With

Comitato organizzatore
Organizing board

Arch. Alfredo Amati
Studio Amati

Arch. Gennaro Farina
Polis S.r.l.

Arch. Silvia Giachini
Studio Giachini

Ing. Virgilio Manni
Reconsult

Arch. Eleonora Smargiassi
Lenzi Consultant

Design Esibizione
Exhibition Design

RICCISPAINI

Organizzazione e Costruzione
Organization and Costruction

Associazione delle organizzazioni di ingegneria,
di architettura e di consulenza tecnico-economica

L'OICE (Organizzazione di Ingegneri Consulenti operanti all'Estero) è l'acronimo con cui fu costituita nel 1965 l'Associazione di categoria, aderente a Confindustria, che rappresenta le organizzazioni italiane di ingegneria, architettura e consulenza tecnico-economica.
Oggi l'OICE è un riconosciuto interlocutore delle istituzioni per gli aspetti legislativi del settore dei Lavori Pubblici.
Oltre all'adesione diretta a Confindustria, l'OICE fa parte della Federazione di settore Confindustria Servizi Innovativi e Tecnologici (SIT) ed è altresì tra i soci fondatori di due Federazioni sempre in ambito confindustriale: Federprogetti e Federcostruzioni. Il loro scopo è di promuovere l'intera filiera imprenditoriale che produce beni e servizi per l'ampio settore delle costruzioni, industriali la prima, civili la seconda. Possono far parte dell'OICE le organizzazioni italiane di ingegneria, architettura e consulenza tecnico-economica (o analoghe organizzazioni dell'Unione Europea che svolgano significative attività nel territorio italiano), comunque costituite e dotate di: capacità operativa autonoma; mezzi e strutture adeguati; competenze intellettuali e tecniche idonee a svolgere, in modo indipendente ed a condizioni economiche riconosciute come remunerative dal mercato, prestazioni e servizi professionali per clienti esterni. Una modifica statutaria, introdotta al fine di rappresentare interamente la categoria, consente l'adesione a pieno titolo all'OICE anche di studi professionali e organizzazioni di piccole dimensioni.

Un'attenta analisi del tema dell'Expo, "Better City, Better Life", ha messo in evidenza la necessità di riflettere sulla situazione dell'architettura italiana rispetto alla città, in rapporto alle sue tecnologie sviluppate negli anni e alla sua estetica indiscussa. La città deve riuscire a soddisfare le richieste di chi la vive, salvaguardando una qualità di vita che ricerca standard sempre più alti ed ambiziosi. La città italiana ha una storia millenaria alle spalle: studiata, analizzata e "riprodotta" in tutti i Paesi e da molti studiosi, ha in sé una concezione tale da poter rispecchiare nei secoli i modi di vita propri dell'era in cui nasce cresce e si sviluppa. Città in continua attività e fermento, che hanno ospitato menti eccellenti e che hanno reso l'Italia nota in ogni parte del mondo, per le loro bellezze e peculiarità. Ciò che vogliamo contraddistingua la cultura e l'architettura italiana è la capacità di attualizzare quanto appreso nel passato, rendendolo corrispondente all'epoca tecnologica in cui viviamo.

Difatti, mentre ci è ampiamente riconosciuto tutto quanto finora detto riguardo la bellezza del nostro passato e la nostra indiscussa capacità nel design, al contrario ci viene riconosciuto poco o niente delle nuove tecnologie che il nostro Paese ha sviluppato o sta cercando di sviluppare. Ciò su cui dobbiamo puntare è il fatto che il Know-how italiano è un fattore difficilmente duplicabile da altri competitor, un ottimo auspicio per l'intero comparto industriale italiano. Proprio partendo da questi ragionamenti, si è giunti a delle riflessioni di carattere funzionale riguardanti la città moderna. Si parte dal presupposto che essa debba garantire:

MOVIMENTO MEMORIA PRODUZIONE VIVIBILITA

Alla base della costruzione ideologica e materiale della Mostra, si lavorerà quindi su quattro Sezioni fondanti, che ne costituiranno le fondamenta e lo svolgimento. Le Sezioni vengono qui di seguito riassunte:

MOVIMENTO
Tecnologie per la mobilità

RESTAURO
Edifici pre-esistenti, tutela e/o recupero

PRODUZIONE
Industria e architettura

VIVERE BENE
Residenze, Parchi ambiente ecosostenibilità ed energia

A careful scrutiny of the Expo subject, "Better City, Better Life", puts in evidence the need to ponder the condition of Italian architecture with respect to the city, considering the technologies acquired by the former with time and its undisputed aesthetics. Cities must fulfill the needs of people who live in them, safeguarding a lifestyle seeking higher and more ambitious standards. The Italian city rests upon a millennial history: studied, analyzed and "reproduced" in every Country and by many scholars, it contains a concept able to reflect the lifestyles of its age of birth, growth and expansion through the centuries.

Constantly active and fermenting cities, hosting outstanding minds and making Italy renown all over the world for their beauty and peculiarities. The element of distinction of Italian culture and architecture that we envisage is the ability to make present what we learned from the past, by matching it to the technological time in which we live. Indeed, while all the previous statements concerning the beauty of our past and our undisputed supremacy in design are recognized, very little or no recognition is given to the technologies that our Country has developed or is endeavoring to develop.

What we must aim at is the notion that the Italian know-how is a hard-to-copy factor by other competitors, an excellent omen for the entire Italian Industrial Sector. Starting from these very considerations, some functional remarks on the modern city have been reached. The initial concept is that it must assure:

MOVEMENT MEMORY PRODUCTION LIVABILITY

The base of the conceptual and material construction of the exhibition will consist of fourfounding Sections forming its foundations and progress. These are the Sections in brief:

MOVEMENT
Technologies for mobility

RESTORATION
Pre-existing buildings : safeguard and/or recovery

PRODUCTION
Industry and architecture

LIVE WELL
Residences, Parks environment eco sustainability and energy

01

Metrostudio
Waterfront Park nel Distretto Centrale di Baoan
Baoan Central District Waterfront Park

Ufo+Westminster University Of London
Riqualificazione Porto e funivia di Milazzo
Marina development and cable car Milazzo

Andrea Giunti
La Porta del Mare - Corridoio Colombo
The door of the Sea - Corridoio Colombo

Barreca&LaVarra
Paesaggi Liquidi: i pontili del Po
Liquid Landscapes: decks on the Po river

Erregi
Metropolitana di Roma Linea C, Stazione Malatesta
Rome Underground Line C, Malatesta Station

Arata Isozaki Associati
Stazione di Bologna
Bologna Station

Zaha Hadid, P. Schumacher
Nuova stazione alta velocitá Napoli
New High-Speed Station Napoli

Foster&Arup
Stazione Alta Velocitá Di Firenze Belfiore
High-Speed Station Firenze Belfiore

Silvio D'Ascia Arch.
Nuova stazione ferroviaria Porta Susa, Torino
New railway station Porta Susa, Torino

ABDR
Nuova stazione alta velocità Roma Tiburtina
New Tiburtina high-speed rail station in Rome

Tecnolav Engineering+Ricci&Spaini
Progetto preliminare della Metropolitana leggera di Sassari
Sassari light rail preliminary design

MOVIMENTO
MOVEMENT

Muoversi ha assunto una connotazione importantissima per la città contemporanea. Garantire collegamenti veloci, sicuri, piacevoli, è divenuta una necessità impellente per urbanisti architetti e tecnici. Si parla ormai di una mobilità sostenibile, intendendo un sistema tale da garantire livelli molto bassi di inquinamento atmosferico, acustico, congestione e incidentalità. L'Italia, come risposta concreta a queste problematiche, si può dire all'avanguardia per ciò che riguarda, ad esempio, l'alta velocità, con sistemi di segnalamento ferroviario richiesti in tutto il mondo; lo scavo di nuove gallerie con consolidamento in avanzamento capace di garantire la salvaguardia di persone al lavoro; l'allargamento di gallerie con traffico in esercizio. Un innovativo sistema di trasporto automatico, people mover ("mini metro"), è stato messo a punto da una ditta italiana: un impianto completamente automatico, con vetture senza conducente, guidate e sorvegliate da un posto di controllo centrale. Le nuove stazioni metropolitane rappresentano la perfetta corrispondenza fra alta tecnologia, architettura, arte contemporanea e restauro con il recupero di importanti monumenti romani rinvenuti durante gli scavi: così la mobilità si coniuga al better life.

Mobility has risen to a topmost connotation in the contemporary city. Assuring fast, safe, pleasant connections has become a compelling necessity for planners, architects and technicians. It's common nowadays to speak of a sustainable mobility, meaning a system producing very low levels of pollution, noise, congestion and accidents occurrence. Italy may be considered advanced in terms of a concrete response to these issues, namely for high-speed trains and its universally sought-after railway speed signalling systems; the excavation of new tunnels with in-progress reinforcement, able to guarantee the safeguard of people at work; the expansion of tunnels while open to traffic. An innovative automatic transport system, people mover("mini metro"), was perfected by an Italian Firm: a fully automated system, with no driver in the cars being guided and monitored by a central control post. The new metro stations represent the perfect match between high technology, architecture, contemporary art and restoration, as in the recovery of prominent Roman monuments found during subway excavations: so mobility combines to better life.

METROSTUDIO

Waterfront Park nel Distretto Centrale di Baoan
Baoan Central District Waterfront Park

Cliente/Client Planning and construction management bureau of the Baoan Central District, Shenzhen Municipal Government; **Progetto/Project** Metrostudio - chief designer Antonio Inglese, in cooperation with Aoya; **Luogo/Location** Baoan, China, 2007-2009.

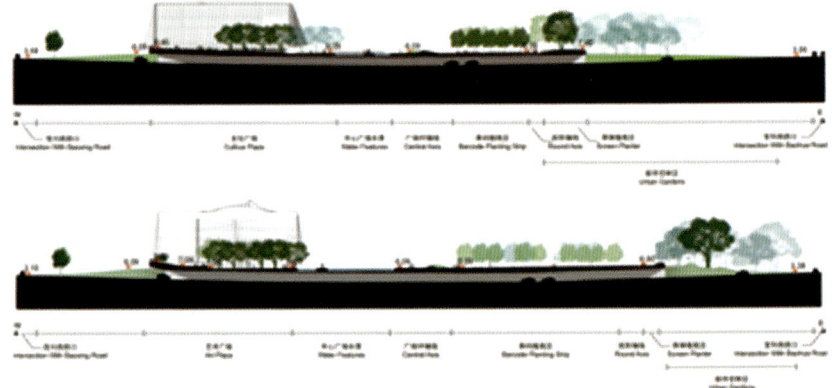

Il progetto è situato a Shenzhen in Cina, in una delle zone ad economia speciale attivate per attrarre investimenti. Il sito è sull'asse principale del centro del distretto di Baoan, con una estensione costiera complessiva di circa 4 chilometri, ed è circondato dal nuovo centro direzionale. L'area guarda oltre il mare, chiusa alle spalle dallo sviluppo urbano. La superficie totale di progetto è di 79,4 Ha.
L'idea di un'onda verde che muove tutto fino a raggiungere il mare diventa il criterio ispiratore, dove il paesaggio in movimento viene tradotto in sistema. Le aree verdi si sviluppano su due grandi porzioni: la prima di carattere urbano ad ovest, con i tre grandi edifici a funzione pubblica, in cui si insinuano spazi piazza e lunghi assi visuali, mentre la seconda, ad est, assume una connotazione naturalistica pura, includendo piccoli edifici commerciali, giardini a tema, aree umide e boschi. Il tema del rapporto con il mare viene risolto attraverso l'apertura totale del paesaggio verso di esso, con lo spostamento laterale degli edifici. La cerniera tra questi, il parco ed il mare, è la grande piazza costiera con il faro centrale, capace di accogliere oltre 2000 persone.

The project is located in Shenzhen, China, one of the special economic areas to attract investments from outside. The area is on the main axis of the new Central Business District of Baoan, with a total coastline extension for about 4 km, surrounded by the urban development. The area looks after the seaside, giving its backs to the new city development. The total design plan area is 79,4 Ha. The most important design criteria is the green wave rolling from the land to the sea, while the landscape in movement has been translated into a design system. The green surfaces develop along two big areas: the first one on the west side has a stronger urban direction, with the three main public buildings, through plazas and long visual corridors, while the second, on the east side, has a more naturalistic character, including small commercial buildings, theme gardens, wetlands and woodlands. The relation with the sea has been solved with the total opening of the landscape towards the sea itself and setting beside the main buildings. The node between the buildings, the landscape park and the sea, is the huge coastal plaza, with the central lighthouse, able to receive more than 2000 people.

UFO+WESTMINSTER UNIVERSITY OF LONDON

Riqualificazione Porto e funivia di Milazzo
Marina development and cable car Milazzo

L'intervento (30.000+15.000 mq) riguarda la Riqualificazione del sistema urbano e architettonico esistente dell'area della Marina e del Porto e la realizzazione di una Funivia di collegamento tra la baia del "Tono" e l' area del Castello-Borgo Antico. Il progetto configura un nuovo sistema di spazi pubblici per il miglioramento della qualità urbana e ambientale L'obiettivo è: **1** Migliorare l'accessibilita' ai luoghi restituendo continuità di fruizione tra il lungomare e l' area turistica del porto individuando nuove percorrenze e 450 posti auto coperti. **2** Migliorare la relazione col territorio configurando un nuovo Polo attrattore sociale e culturale attraverso la realizzazione di servizi e spazi pubblici. Nell'area del Porto è prevista la realizzazione di arene per concerti, spazi polifunzionali e ricreativi, centro conferenza, nuovi spazi per il club Tennis e Vela con 3 campi da tennis, spazi espositivi e polifunzionali che possano accogliere eventi a servizio di un territorio più ampio di quello dell'ambito urbano. Nell'area della nuova Stazione della Funivia si prevede la realizzazione di un Ristorante, Attività Commerciali, Spazi Performance all'aperto, Aree Attività Sportive in spiaggia, un Area Ciclabile, Spazi a Verde Pubblico e Spazi Belvedere. **3** Promuovere un nuovo sviluppo turistico e un servizio della nautica da diporto a sostegno del già previsto potenziamento dell'area portuale per la città che rappresenta un interfaccia fondamentale rispetto al sistema turistico delle isole Eolie. **4** Promuovere uno sviluppo economico con la realizzazione di nuove attività commerciali, ricreative compatibili e coerenti con la voc azione del territorio e l'uso dello stesso ed in rispondenza alla futura espansione. **5** Proporre una nuova identita' e attrattivita' attraverso un intervento sostenibile ed integrato nel paesaggio.

The project (30.000 + 15.000 sqm) concerns the urban marina development and the installation of a cable car that connects the west beach side to the Castle of Milazzo. The project gives a new public space system to improve the urban and environmental quality.
An urban program is focused in creating new opportunities.
Our goals are: **1** Improve the accessibility to the marina by a continuous system of urban spaces and providing 450 car park spaces. **2** Improve the relationship with the landscape giving a social and cultural attractive pole with the realization of new public facilities. The marina will include: a concert arena, multifunctional spaces, conference centre, new tennis and sailing club with 3 tennis court, exhibition indoor and open spaces. The cable car includes: restaurant, commercial spaces, outdoor sports space, bike path, green area and sightseeing point of view. **3** Promove a touristic development through the new marina dock. **4** Promove an economic development with the new commercial activities and facilities. **5.** propose a new identity and attractivity through a sustainable project integrated in the landscape.

Movinemto | Movement | 39

ANDREA GIUNTI

La Porta del Mare - Corridoio Colombo
The door of the Sea - Corridoio Colombo

Cliente/Client Astaldi S.p.A. – Progetti e Territorio; **Progetto/Project** arch. Andrea Giunti, Ing. Michelangelo Baldini; **Collaboratori/Collaborators** Arch. Marta Del Campo, Giuseppe De Nittis, Giuliano Sbardelli, Sara Edalatkhah.; **Luogo/Location** Roma, Italy, 2007-2010

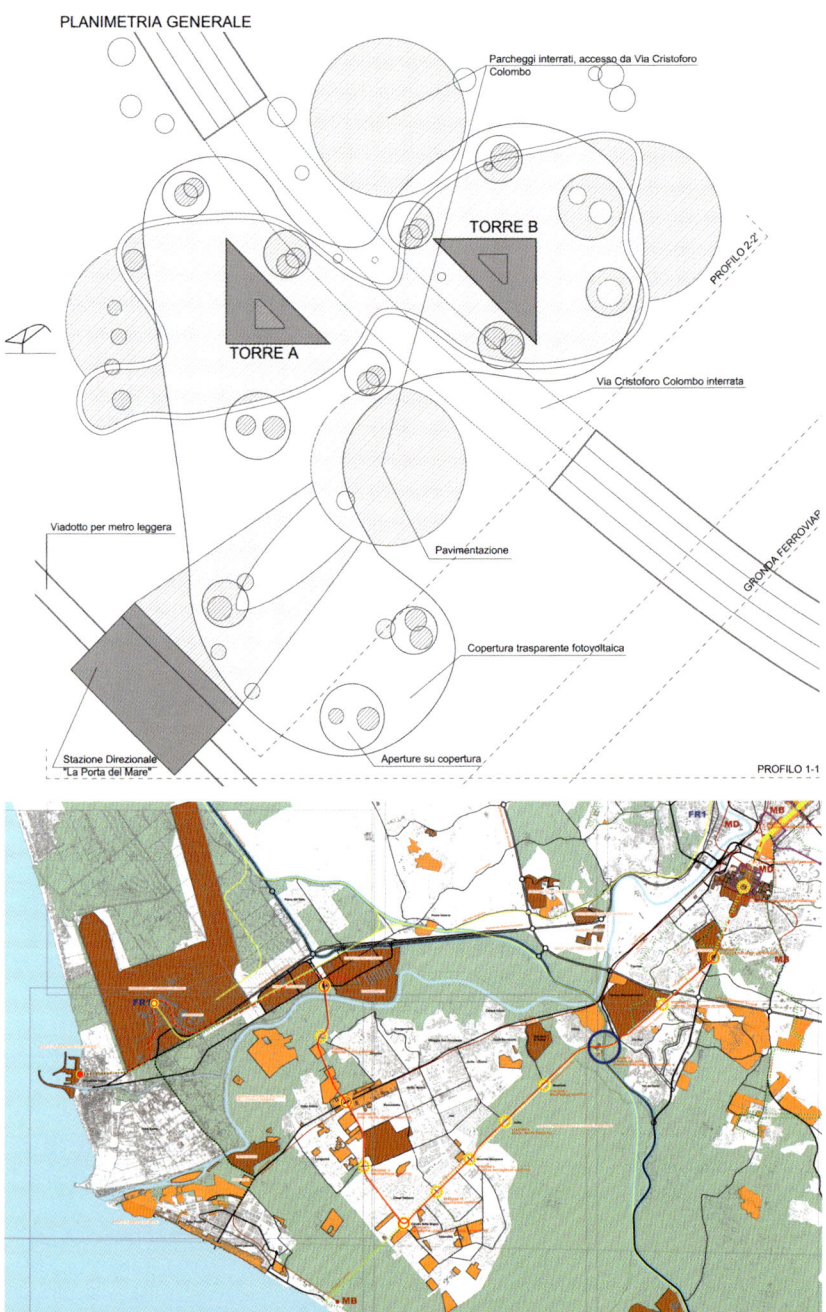

Il progetto comprende tre importanti opere pubbliche collegate tra loro: a) una linea metropolitana leggera che collegherà la zona dell'Eur con la Fiera di Roma e l'Aeroporto Leonardo da Vinci , lungo il cosiddetto "Corridoio Colombo", con un nodo di scambio alla intersezione con il "Corridoio Tirrenico", che costituisce una nuova porta per Roma, "La porta del Mare; b) la valorizzazione del tratto urbano della via Cristoforo Colombo con la realizzazione di un parco monumentale tra l'Eur e le Mura Aureliane; c) l'avvio del decentramento delle funzioni ministeriali e direzionali dal centro storico al quadrante Eur, da realizzarsi su aree demaniali in edifici pubblici di pregio frutto di concorsi d'architettura.

a. La linea metropolitana del Corridoio Colombo. La linea metropolitana proposta è di "ultima generazione", ha un impatto ambientale minimo, il minor costo di realizzazione e di gestione.

b. Una porta per Roma Il progetto prevede la valorizzazione, sul piano ambientale, del tratto urbano della via C. Colombo, principale via d'accesso alla città, a partire dal nodo di scambio "La porta del Mare".

c. Il mosaico urbano: un parco monumentale ed edifici pubblici per il completamento del decentramento delle attività direzionali Il progetto del mosaico urbano prevede la costruzione di edifici da destinare al decentramento delle attività direzionali pubbliche oggi localizzate in prevalenza nel centro storico.

The project consists of three prominent , linked public works: a) a light metro line connecting the EUR district with Rome's Fair complex and the Leonardo da Vinci airport, along the so called "Corridoio Colombo", with an exchange junction located at the intersection with the "Corridoio Tirrenico", acting as a new gateway to Rome: the "Porta del Mare"; b) the improvement of the urban tract of via Cristoforo Colombo obtained by creating a monument park between the EUR district and the Aurelian Walls; c) the erection of valuable public buildings on public areas, whose design shall be selected through architectural contests, aimed to start decentralizing the public executive activities by moving them from the city's historic center to the EUR sector. **a. The metro line of the Corridoio Colombo** The proposed metro line is a "latest generation" type of facility, with minimal environmental impact, the lowest possible construction and management cost. **b. A gateway for Rome** This project consists of the improvement, in terms of environment, of the urban tract of via C. Colombo, one of the main access roads to the city, starting from the exchange junction "La Porta del Mare". **c. The "urban mosaic": a monument park and public buildings completing the decentralization of the Capital's executive activities** Part of the urban mosaic project is the construction of buildings hosting public executive activities presently located mostly at the old town centre, in compliance with the decentralization plan.

BARRECA & LA VARRA

Paesaggi Liquidi: i pontili del Po
Liquid Landscapes: decks on the Po river

Concorso d'idee progettuali di paesaggio per il tratto emiliano del fiume Po da Piacenza a Reggio Emilia promosso dalla Provincia di Reggio Emilia in collaborazione con l'Autorità di Bacino del fiume Po; **Progetto/Project** Gianandrea Barreca, Giovanni La Varra; **Collaboratori/Collaborators** Alessandro Ferratini, Federico Feraco, Deho Kim, Laura Imbriani, Anja Visini; **Con/With** (Yellow Office) Francesca Benedetto, Dong Sub Bertin, Anna Comi; (Nature Mood) Stefano Franco, Cristina Serra; **Luogo/Location** Reggio Emilia, Italy, 2008

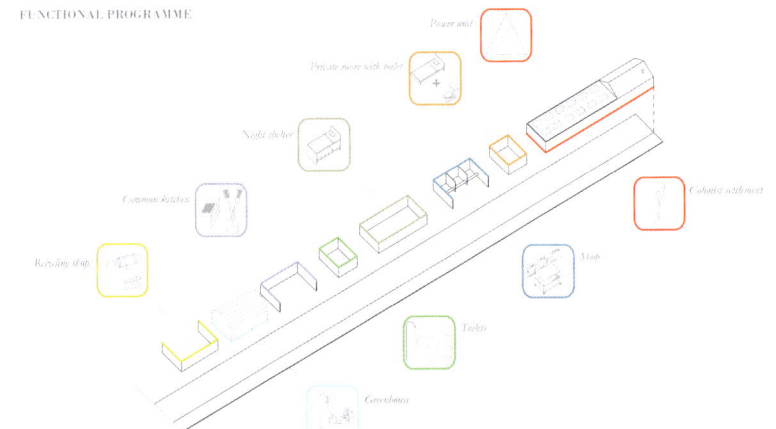

La proposta progettuale considera l'elemento territoriale Fiume Po nel suo insieme, ripercorrendone le valenze e criticità al presente e nel passato, giungendo a configurare una soluzione rispetto ai temi posti dal concorso incentrata su due concetti chiave.
Il primo riguarda la ricerca di una declinazione in chiave moderna del rapporto uomo-ambiente fluviale che storicamente ha caratterizzato i territori in esame.
Il secondo riguarda l'individuazione di forme di relazione tra uomo e natura in grado di soddisfare reciprocamente le esigenze correlate alla vita contemporanea e che si manifestano, da un lato, nella ricerca di una riscoperta del contatto con l'ambiente naturale, dall'altro, nella necessità di azioni ed interventi per riqualificare i caratteri ambientali ed ecologici compromessi.
I luogo in cui tutto ciò può accadere assume un ruolo chiave, e la sua configurazione spaziale, la sua ubicazione, la sua stessa passibilità di miglioramento e riqualificazione da parte del fruitore divengono elementi determinanti perché quella sperimentazione interiore possa avvenire.

The design proposal considers the geographical feature of the Po river as a whole, covering its present and past values and critical features and eventually configuring a solution to the issues set by the competition, centred on two key concepts.
The first relates to the search for a modern version of the relationship between humans and the river environment which was in the past a feature of the areas in question.
The second relates to the identification of forms of relationship between humans and nature which can mutually satisfy needs correlated to contemporary living and which appear, on the one hand, in the search for renewed contact with the natural environment and, on the other, in the need for actions and schemes to regenerate damaged ecological and environmental features.
The place in which all this can take place assumes a key role and its spatial configuration, its location, its actual potential for regeneration by the user become decisive factors for that inner experimentation to take place.

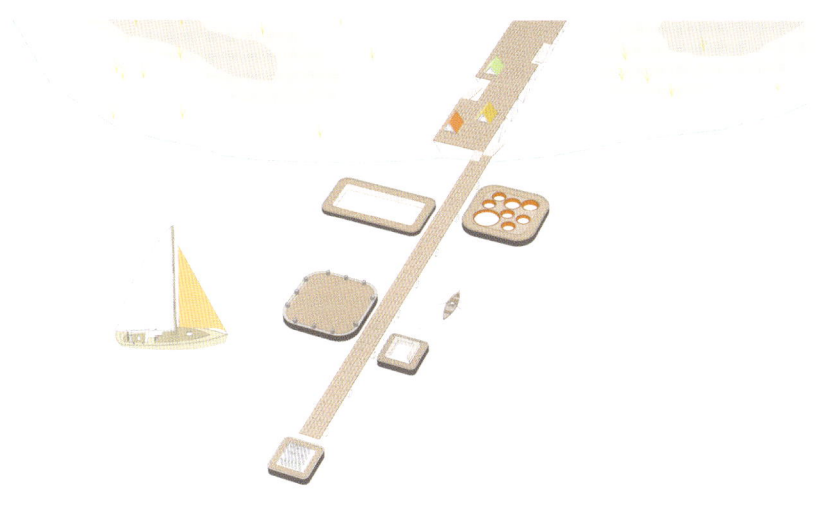

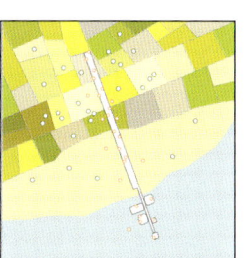
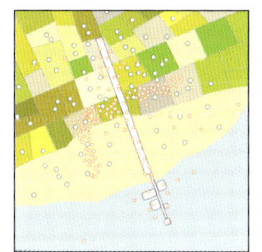
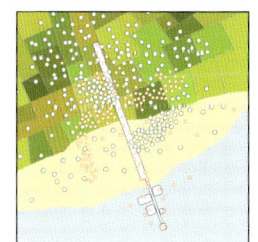

ERREGI

Metropolitana di Roma Linea C, Stazione Malatesta
Rome Underground Line C, Malatesta Station

Cliente/Client Roma Metropolitane, **Contraente Generale/General Contractor** Metro C Spa; **Progetto/Project** Erregi srl **Luogo/Location** Rome, Italy, 2010

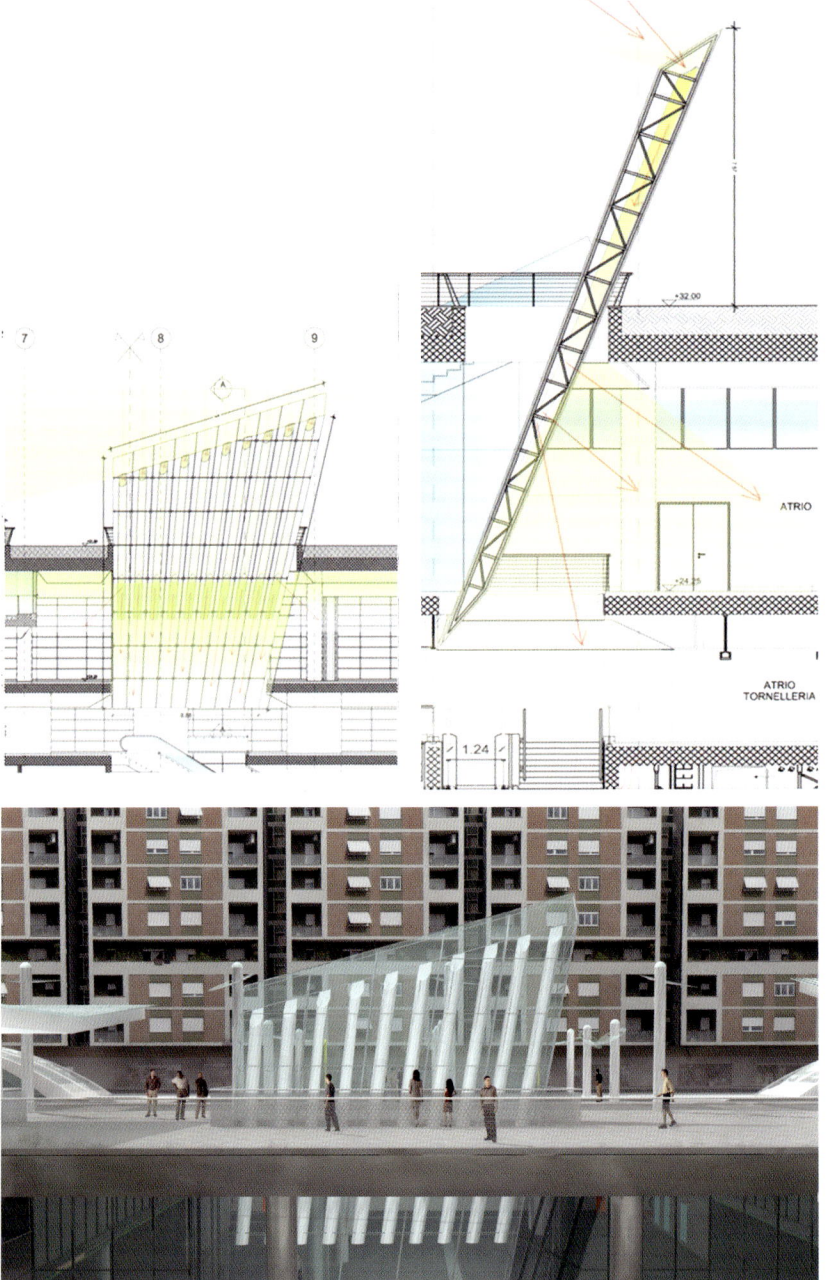

La stazione della metropolitana in una grande città come Roma è un luogo di grande affluenza di pubblico, con un significativo impatto per gli effetti dell'occupazione di territorio e per il consumo energetico. Questa struttura rappresenta una irrinunciabile opportunità per operare scelte organizzative e tecnologiche che contribuiscano sia al benessere e alla sicurezza dei cittadini, che allo sviluppo di una cultura ecologica nelle nuove generazioni. **Risparmio Energetico.** L'obiettivo è quello di rendere la stazione autosufficiente sotto l'aspetto energetico per tutte quelle esigenze che non riguardano il sistema di trasporto. Il cuneo in vetro, che si eleva sulla piazza e scende per tre livelli all'interno della stazione, è stato studiato come un elemento che consente di catturare la luce naturale dall'esterno, e veicolarla, attraverso l'atrio, fino al terzo livello interrato dove sono posizionate le tornellerie. **Comfort termo igrometrico.** L'ambiente della piazza viene climaticamente controllato attraverso sistemi di nebulizzazione ad acqua integrate architettonicamente. **Risparmio di risorse rinnovabili – acqua.** Particolare attenzione è stata posta nel limitare al massimo l'utilizzo dell'acqua per l'irrigazione delle superfici a verde adottando un innovativo sistema di irrigazione e sfruttando il contributo delle acqua meteoriche. **Impianto Geotermico.** L'impianto geotermico previsto nel progetto assicura la produzione autonoma dell'energia necessaria al riscaldamento. La stazione è attualmente in avanzato stato di costruzione.

An underground station in a big town like Rome is inevitably a place where crowds gather with a significant impact on the surroundings in term of human occupation of the area as well as energy consumption. This structure is an opportunity impossible to lose in order to take decision on organisation and technologies which can contribute to the comfort and safety of citizens as well as to the creation of an environmental culture on new generations. **Energy Saving.** The objective is to make the station self-sufficient in energy efficient for all those needs that do not relate to the transport system. **Environmental Comfort.** The environment of the square is climatically controlled by water mist systems integrated architecturally. The first plant is located in the structure of the two photovoltaic roof and the second in a waterfall located in the underground plaza. **Savings of renewable resources - water.** Particular attention was paid to minimize water use for irrigation of green areas by adopting an innovative irrigation system and leveraging the contribution of meteoric water. **Geothermal Plant.** The geothermal plant is planned in the project ensures the autonomous production of hot water and energy. Malatesta Station is actually under costruction.

PROGETTI ALTA VELOCITÀ
HIGH-SPEED PROJECTS

L'Alta Velocità Ferroviaria in Italia
Le nuove linee veloci sono parte integrante delle reti di comunicazione e trasporto transeuropee programmate dall'inizio degli anni '90 a livello comunitario (TEN-T: Transeuropean Networks – Transport).

Mille chilometri di nuove linee ad Alta Velocità L'Alta Velocità, grazie a collegamenti diretti frequenti e comodi tra i principali centri urbani nei quali si concentra il 65% della domanda complessiva di mobilità, ha trasformato la mobilità del Paese dando un ulteriore e decisivo impulso all'economia e al turismo, aprendo nuovi scenari demografici, sociali e produttivi. "La metropolitana veloce d'Italia" trasforma la cultura e le relazioni sociali degli italiani, contribuendo a migliorare la qualità della loro vita.

Il nuovo treno ad Alta Velocità
Entro il 2013 entrerà in servizio il nuovo treno V300ZEFIRO - ETR 1000 in grado di toccare i 400 km/h.

High-speed rail system in Italy
The new high-speed lines form an integral part of the Trans-European Transport Networks (TEN-T), which have been in the works throughout the EU since the '90s.

A thousand kilometers of new high-speed lines Through direct, convenient connections providing frequent transport options among major cities, which account for 65% of the sector's overall demand, the high-speed network has transformed Italy's transport system, giving both the economy and tourism industry a solid boost, and opening doors for new social, demographic, and production-related scenarios. Italy's "rapid transit system" is transforming the country's social relations and culture, and helping improve people's quality of life.

The new high-speed train
The new V300ZEFIRO - ETR 1000 train, reaching 400 km/h, is scheduled to be operative by 2013.

Prima arriva la sicurezza
Le nuove linee veloci sono costruite secondo i più avanzati standard infrastrutturali e tecnologici per consentire le migliori prestazioni in termini di sicurezza, velocità, e interoperabilità con le principali direttrici ferroviarie esistenti e con le linee europee ad Alta Velocità di trasporto.

Le stazioni dell'Alta Velocità
Le nuove stazioni dell'AV saranno Firenze Belfiore (Norman Foster & Arup); Roma Tiburtina (Paolo Desideri); Torino Porta Susa (Arep-d'Ascia, Magnaghi), Napoli-Afragola (Zaha Hadid); e Bologna Centrale (Arata Isozaki) integrata con la nuova stazione AV in sotterranea. Progettate da grandi architetti internazionali, diventeranno dei veri hub ferroviari capaci di irradiare i benefici dell'Alta Velocità a tutte le aree a loro circostanti, attraverso una sempre più funzionale integrazione con i territori.

Safety first
The new high-speed lines are being built in compliance with the most advanced standards in infrastructure and technology to allow optimal performance in terms of safety, speed, and compatibility of operations with the main existing railways and high-speed European lines.

High-speed stations
The new high-speed stations are to be located in Florence - Firenze Belfiore (Norman Foster & Arup); Rome - Roma Tiburtina (Paolo Desideri); Turin - Torino Porta Susa (Arep-d'Ascia, Magnaghi); Naples - Napoli-Afragola (Zaha Hadid); and Bologna Centrale (Arata Isozaki), in connection with the new high-speed underground station. Designed by leading international architects, these stations will become true railway hubs able to extend the benefits of the high-speed network to all the surrounding areas, through an increasingly functional integration with different locations.

ARATA ISOZAKI ASSOCIATI

Stazione di Bologna
Bologna Station

Cliente/Client RFI Rete Ferroviaria Italiana s.p.a.; **Progetto/Project** Arata Isozaki and Andrea Maffeir; **Con/With** Takeshi Miura, Stefano Tozzi, Hidenari Arai, Ryousuke Kamano, Haruna Watanabe, Rawad Choubassi, Atsuko Suzuki, Seisuke Higaki, Simone Utzeri, Giuseppe Micale, Nakanishi Minori, Simona De Nicolais, Filippo Biagi / Arata Isozaki Associati, Stefano Tozzi / M+T & Partners; **Strutture/Structural** Maurizio Teora (PD), Angelo Mussi (PM), Gabriele Del Mese, Luca Buzzoni, Francesco Uggetti, Giovanni Tecchio, Matteo Codignola, Salvatore Settecasi / Arup Italia s.r.l. Ove Arup & Partners International Ltd; **Impianti/Mep plants** Pietro Guarisco, Enrico Zara, Alice Quinterio, Nicola Carofano, Alfonso Mastrodicasa / Arup Italia s.r.l., Ove Arup & Partners International Ltd; **Luogo/Location** Bologna, Italy, 2015

La vecchia stazione si prolunga sopra i binari con un edificio-ponte rettangolare della stessa lunghezza fino a raggiungere la Bolognina. Un volume rettangolare bianco, distaccato dagli edifici esistenti, ospita tutte le funzioni commerciali, biglietterie, sale di attesa e servizi di ristoro della nuova stazione. Da esso si scende ai binari e ai treni alta velocità attraverso gruppi di scale mobili e ascensori. Una serie di corti interne e di lunghi tagli sulla copertura portano la luce naturale all'interno, illuminano gli spazi di circolazione dei viaggiatori e i binari sottostanti.
Davanti alla nuova sede del Comune, abbiamo previsto un ulteriore spazio di ingresso alla stazione, una sorta di isola verde composta da volumi sfalsati che contengono una centrale termica e un impianto sportivo. La luce naturale è stato un altro tema conduttore del progetto. Nelle banchine dei binari è possibile ricevere luce naturale e vedere il cielo, mentre si aspetta il treno. I lunghi tagli in copertura illuminano i percorsi di circolazione e la loro drammaticità rende lo spazio interno della stazione aperto a differenti interpretazioni.

The old existing station proceeds on the binaries with a rectangular bridge-station of the same length until the Bolognina district behind. A white rectangular volume, isolated from the existing buildings, contains all the commercial functions, the ticket counters, waiting rooms, restaurant and bars of the new station. From here you reach the binaries and the trains with escalators and lifts. A series of courtyards and long top lights on the roof bring natural light inside, illuminate the circulation spaces of the travellers and the binaries below.
In front of the new Bologna City Hall, we provided another entrance building of the station, a kind of green island made by overlapped volumes containing a central power station and a sport centre.

ZAHA HADID, P. SCHUMACHER

Nuova stazione alta velocitá Napoli
New High-Speed Station Napoli

Cliente/Client RFI Rete Ferroviaria Italiana s.p.a.; **Progetto/Project** Zaha Hadid, Patrik Schumacher; **Collaboratori/Collaborators** Filippo Innocenti (Project Director), Michele Salvi, Roberto Vangeli, Luciano Letteriello, Domenico Di Francesco, Marco Guardincerri, Davide Del Giudice, Cesare Griffa, Federico Bistolfi, Mario Mattia, Paolo Zilli, Tobias Hegemann, Chiara Beccarini, Alessandra Belia, Serena Pietrantonj, Roberto Cavallaro, Karim Muallem; **Strutture/Structural** Adams Kara Taylor, Interprogetti s.r.l.; **Impianti/Mep plants** Max Fordham, Macchiaroli & Partners, Studio Reale; **Paesaggio/Landscape** Gross Max; **Luogo/Location** Napoli-Afragola, Italy, 2003-2012

la Nuova Stazione Alta Velocita Napoli Afragola è concepita come un ponte sopra ai binari: un nodo trasportistico ben organizzato che possa allo stesso tempo servire da landmark per annunciare l'ingresso a Napoli. L'obiettivo del progetto è quello di dare espressione all'insediamento di una nuova stazione passante che agisca da nucleo di un nuovo business park in grado di legare le varie città nei dintorni, offrendo una connessione pubblica urbanizzata attraverso i binari. Le funzioni centrali ed il corpo principale della stazione, in questo schema, sono disposti al centro, ben in vista sopra i binari, servendo gli accessi simmetrici nello stesso modo. Il linguaggio architettonico proposto è impostato sull'articolazione del movimento e consente la fluida integrazione di tutti i flussi e delle linee di traffico che si intersecano in questo nodo di scambio trasportistico; il linguaggio formale del progetto lega con naturalezza l'insieme delle tracce dei binari, e delle strade d'accesso che caratterizzano questo suolo artificiale. La qualità aperta e dinamica della figura architettonica è perseguita ancora all'interno dell'edificio.

The key challenge of the architectural project is to create a well organized transport interchange that can simultaneously serve as a new landmark that announces the approach to Naples – a new gateway to the city. This is the first reason why we chose to conceive the new station as a bridge above the tracks. The task is to give expression to the imposition of a new through-station that can also act as the nucleus of a new business park that will link the various surrounding towns. This is the second reason why we conceived the station as a bridge that provides an urbanized public link across the tracks. In fact the station is to be approached from two sides. There is no justification in privileging one of these two sides. Therefore the station might have two entrances – one of either side of the tracks. By implication the central functions and the main visible body of the station should ideally be placed in the center above the tracks, thus equally addressing both sides. This is the third and perhaps most compelling reason why we think that the station should be designed as bridge. The concept of the bridge emerges from the idea of enlarging the overhead concourse that is required to access the various platforms to such a degree that it can become the main passenger concourse.

FOSTER & ARUP

Stazione Alta Velocitá Di Firenze Belfiore
Belfiore High-Speed Train Station in Florence

Cliente/Client RFI Rete Ferroviaria Italiana s.p.a.; **Progetto/Project** Foster & ARUP; **Collaboratori/Collaborators** Lancietti Passaleva Giordo and Associates; **Consulenti/Consultant** Davis Langdon Schumann Smith, Milan Prgetti, for Arup, Claude Engle, Arup, ETA, with Angela Grassi, Florence, Land Use Consultants, Lerch Bates Associates, Studio Progess with Engineer Amaro, Turin, Systematica, The Fountain Workshop Ltd; **Luogo/Location** Firenze, Italy, 2003

Il progetto avrà una "distribuzione verticale": lo spazio interno è aperto a tutta altezza rendendo visibili i treni fin dalla superficie. Scale mobili e tapis roulant inclinati, attraverso percorsi segnati da diverse gradazioni di luce naturale e artificiale, collegano il piano del ferro (25 metri sotto il livello stradale) al piano terra, dove sono concentrati tutti i servizi di stazione e alle uscite verso i terminal degli autobus, la fermata del tram, i taxi, i parcheggi e le banchine dei treni regionali.

The design will have a "vertical layout" – with the interior space open at all levels making the trains visible from the ground floor. Escalators and inclined moving sidewalks make up various pathways marked by differing tones of natural and artificial light, which connect the railway area (25 m below street level) to the ground floor. Here, one can find all the station's services, as well as exits leading to the bus terminals, tram, taxis, parking area, and regional trains.

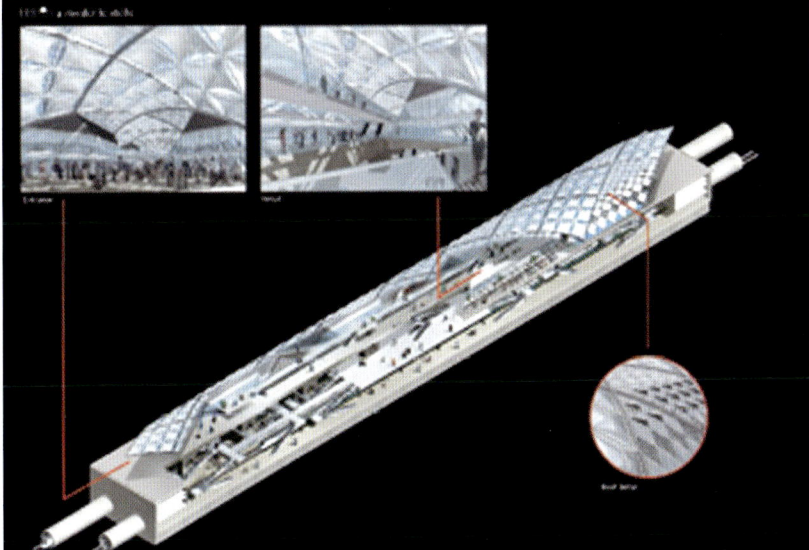

SILVIO D'ASCIA ARCH.

Nuova stazione ferroviaria Porta Susa, Torino
New railway station Porta Susa, Torino

Cliente/Client RFI Rete Ferroviaria Italiana s.p.a.; **Progetto/Project** AREP (Capogruppo) - Silvio d'Ascia – Agostino Magnaghi; **Collaboratori/Collaborators** L. Neouze, L. Moschella, T. Manco, F. Nicolosi, M. Boenders, P.Coppola, S. Barracco, F. Levêque, L. Lafourcade, ineeA. Rocca, F. Ferrara, N. e V. Donno J. Lomessy (rendering); **Strutture/Structural** Simete; **Impianti/Mep plants** Silliti e Garrone; **Sicurezza/Safety** GAE Engineering; **Computi/**Studio Aragona; **Luogo/Location** Torino, Italy, 2006-2011

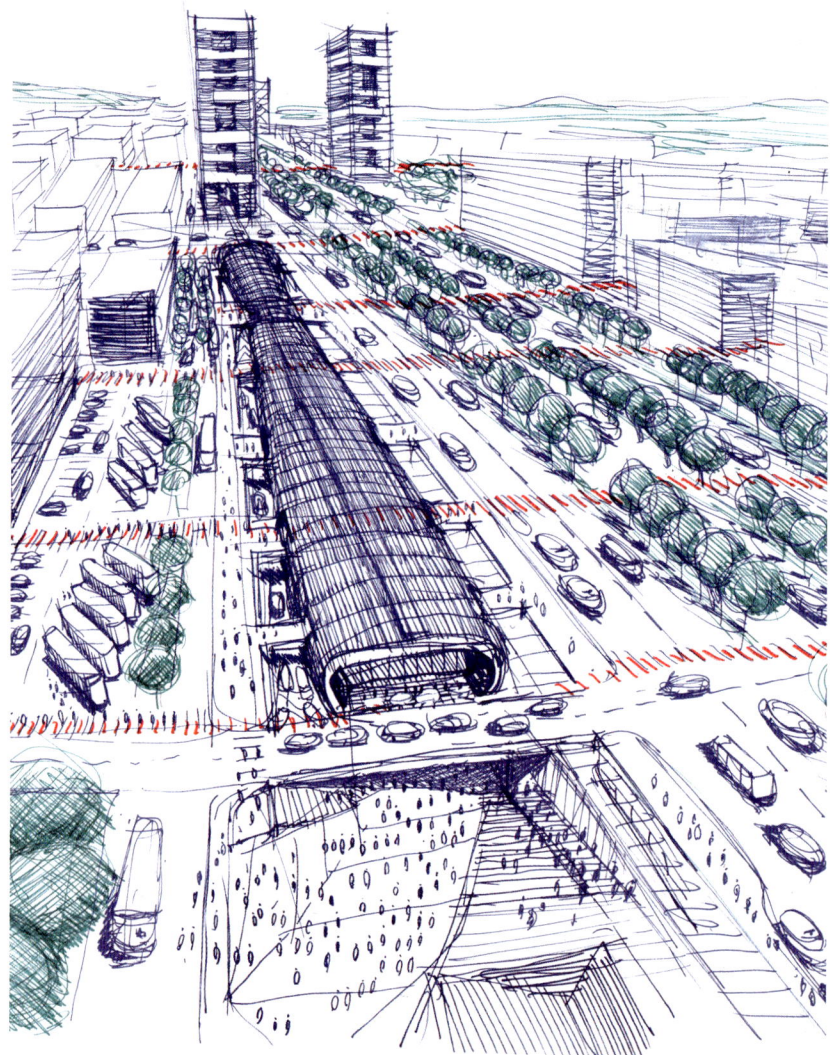

Il progetto del nuovo fabbricato viaggiatori di Torino Porta Susa è il progetto di un grande vuoto urbano, di uno spazio pubblico, dove la stazione, vera e propria galleria coperta, diviene strada, passage, continuum spaziale, luogo di una nuova urbanità della città del futuro.
Il volume trasparente della stazione. Simbolo del movimento, del viaggio e della presenza del mondo dei trasporti nella città contemporanea, simulacro urbano dell'oggetto treno, scomparso dallo scenario urbano al disotto della futura Spina Centrale. Il movimento sinuoso della galleria segue l'andamento dei flussi pedonali urbani provenienti dalla città. La galleria, orientata nord-sud, si piega con i suoi percorsi interni pedonali per portare la luce naturale ed il cielo di Torino, fino alla banchina dei treni (a quota -10 m.) e della metropolitana (a quota -20), trasformate cosi' in una sorta di marciapiede urbano. La presenza di tali passaggi accentua cosi' la ricucitura urbana realizzata con la Spina. trasformando la stazione in un luogo della città, in uno spazio pedonale permeabile e attraversabile in tutte le direzioni. La città entra in stazione..... e la stazione diviene essa stessa città.

The project of the new station of Torino Porta Susa is the project of a huge urban public space, where the station, conceived as an urban gallery, becomes a real street, a "passage", a new kind of urbanity shape for the future city.
The railway station's transparent volume. Symbol of movement, of the travel universe and the presence of the transportation universe in the contemporary city, urban simulacrum of the object train disappeared from the urban scene below the future Central Spine.
The sinuous movement of the tunnel follows the flows of urban pedestrians from the city. The gallery, oriented north-south, folds with its internal pedestrian paths to bring natural light and the sky of Turin, to the quays of trains (at an altitude of -10 m) and the Subway (which share -20), transformed so' in a sort of urban sidewalks. The presence of these transversal passages accentuates the urban value of the Spina which was to re-connect the two sides of the city until now shared by the ancient railways lines. In that way the city comes inside the station and the station becomes a real part of the city, permeable to pedestrian flows crossed in all directions and at different levels.

Movinemto | Movement

ABDR

Nuova stazione alta velocità Roma Tiburtina
New Tiburtina high-speed rail station in Rome

Sponsor/Sponsor Coopsette; **Cliente/Client** RFI Rete Ferroviaria Italiana s.p.a.; **Progetto/Project** ABDR Architetti associati Maria Laura Arlotti, Michele Beccu, Paolo Desideri (capogruppo/team leader), Filippo Raimondo; **Con/With** Nicolas Cazzato, Mauro Merlo, Enzo Calabrese; **Collaboratori/Collaborators** M. Abis, S. Ahl, A. Antonilli, A. Arnone, G. Bellapadrona, D. Binarelli, M. Cannarsa, S. Cataldi, A. Ciocci, E. Clementi, C. Del Colle, V. Didier, M. Fiorentino, L. Franco de Mendonça, A. Fritzlar, A. Giglio, A. Gobbo, T. Iazzetta, G. Leoni, P. Mencacci, M. Persichella, T. Pescosolido, M. Petacco, S. Pieretti, G. Pyckevet, L. Salemi, A. Salvucci, B. Sepe, L. Spano', M. Tamburi; **Strutture/Structural** Ezio Maria Gruttadauria, Massimo Majowiecki; **Consulenti/Consultant** V. Calderaro, A. Desideri, E. Mariotti, O. Manfroni; **Luogo/Location** Roma, Italy, 2006

Il progetto si inserisce in uno dei nodi cruciali dello sviluppo metropolitano di Roma. Si tratta di un'area di particolare complessità sia per gli aspetti riguardanti i modi del trasporto metropolitano; sia per quanto riguarda le condizioni generali del contesto locale; sia per quanto riguarda le previsioni urbanistiche di molteplici attori istituzionali competenti territorialmente sulle aree in questione. Si propone così la realizzazione di una inedita centralità urbana, in grado di riconnettere spazialmente e funzionalmente i due quartieri Nomentano e Pietralata, da sempre separati dal grande tracciamento ferroviario. Si tratta della composizione di aspettative e interessi differenti: da una parte le esigenze di controllo e di separazione necessarie alla gestione di una grande stazione ferroviaria per il traffico internazionale e regionale, dall'altra la necessità di costruire una grande piazza urbana, una sorta di monumentale "boulevard" sopraelevato che risolvesse la connessione tra i due quartieri. La stazione si costruisce sulla piattaforma metallica esistente, orientata secondo il sistema delle giaciture urbane preesistenti. A causa delle sensibili oscillazioni a cui è sottoposto l'impalcato della grande piastra, la struttura resistente è concepita come una "grande copertura", un tetto metallico costituito da una struttura reticolare estradossata.

The New Tiburtina High-speed Rail Station in Rome is located in one of the crucial nodes for the metropolitan development of the city of Rome. The particularly complexity of the area is generated by: aspects related to metropolitan transport; the general conditions of the local context; and the urban forecasts of multiple institutional stakeholders territorially responsible for the areas in question.
The project thus proposes the realization of an entirely new urban centrality capable of spatially and functionally reconnecting the two neighbourhoods of Nomentano and Pietralata, historically separated by the vast swathe of rail lands. It is the composition of different expectations and necessities: on the one hand the need for control and the necessary separations related to the management of a large rail station handling both international and regional traffic and, on the other, the need to construct a large urban piazza, a sort of suspended monumental "boulevard" that resolves the connection between the two neighbourhoods. The station is built atop an existing steel platform whose oriented responds to the pattern of pre-existing urban structures. Given the significant oscillations to which the large platform is subjected, the structure is designed like a "large roof" in exposed steel trusses.

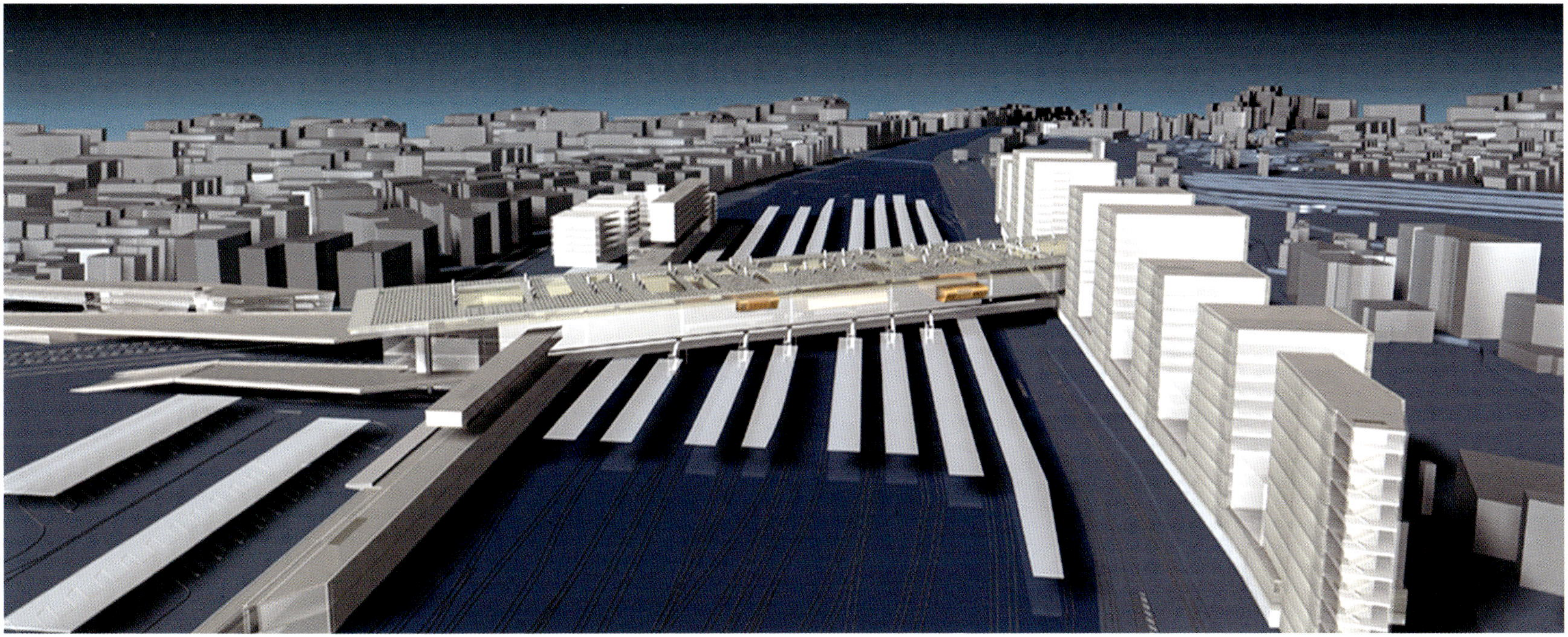

Movinemto | Movement | 59

TECNOLAV ENGINEERING + RICCI&SPAINI

Progetto preliminare della Metropolitana leggera di Sassari
Sassari light rail preliminary design

Committente/Client ARST Gestione FdS (Sardinia Railway Company); **Progetto/Project** Tecnolav Engineering, Riccispaini Srl; **Con/With** Ing. C. Murru, Ing. F. Cosmi, Ing. P. Fadda, Gate Engineering Srl, Geol. M. Pompei, Ing. G. Casula, Servizio Tecnico ARST Gestione FdS; **Luogo/Location** Sassari, Italy, 2009

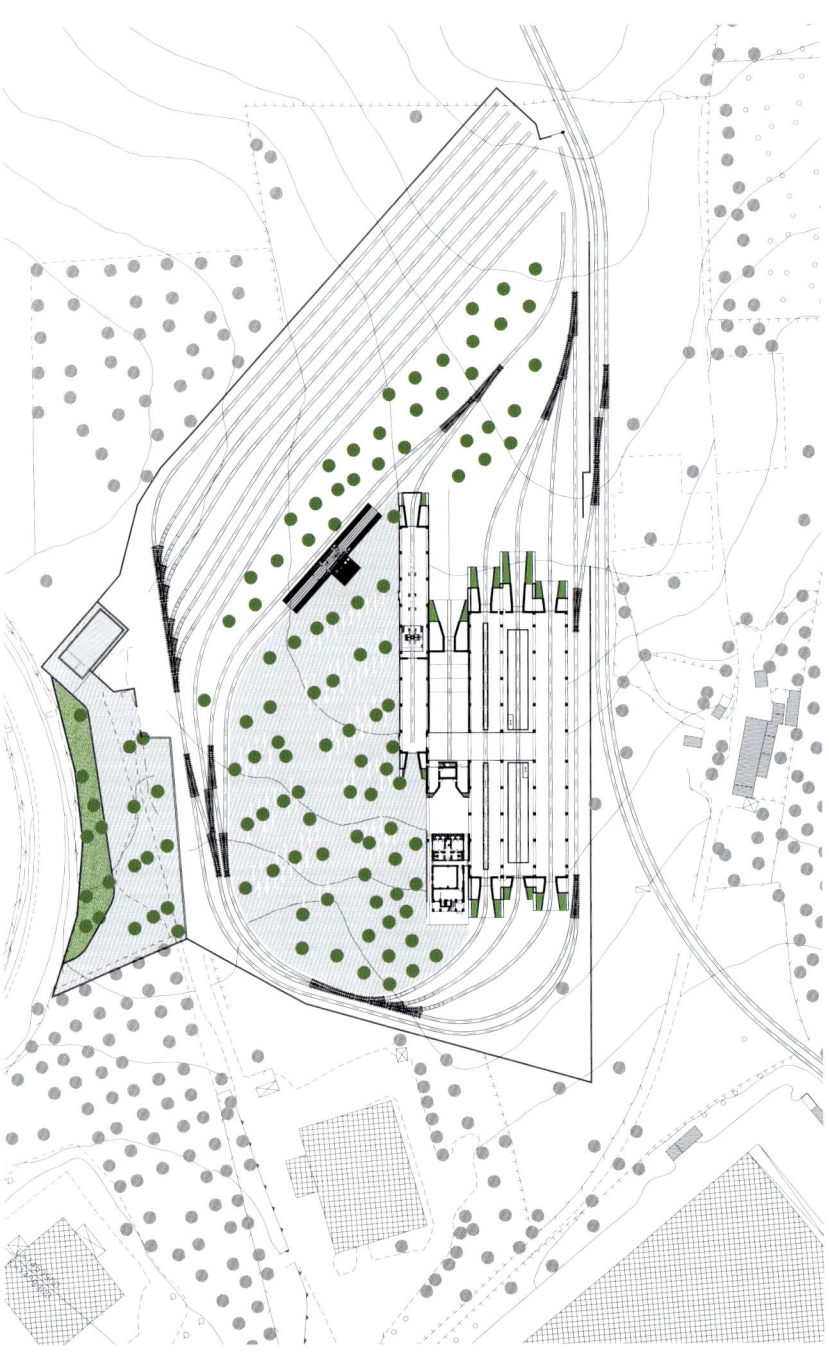

Il tratto in progetto della metropolitana leggera costituisce l'estensione della linea Emiciclo Garibaldi – Stazione FS – S. Maria di Pisa, ai quartieri periferici della città di Sassari. Il progetto prevede la realizzazione di 8 fermate, un viadotto e un centro rimessaggio per la manutenzione dei treni.
FERMATE: nonostante peculiarità paesaggistiche differenti, le fermate sono caratterizzate da elementi standardizzati in acciaio, vetro e pietra che identificano fortemente l'immagine della nuova Linea. I materiali costruttivi e di finitura propongono una struttura ad un tempo semplice e raffinata. Il disegno presenta un profilo a sezione ovoidale, inclinato di circa 12° verso l'interno dei binari per ridurre la percezione dall'esterno, con elementi metallici presentati nella loro essenza tecnologica. Le pile sono costituite da due pilastri a sezione sempre ovoidale con rastremazione dall'alto verso il basso.
CRM (centro rimessaggio e manutenzioni): Il Centro è previsto in un'area non urbanizzata in cui il paesaggio collinare è caratterizzato dalla presenza di uliveti e da un'abitazione di elevato pregio storico. Il progetto tende a valorizzare le peculiarità del contesto, integrando l'edificio nella topografia dell'area. I cinque padiglioni che lo compongono ridisegnano infatti il profilo collinare della zona.

The project for this new line of the light rail in Sassari is the expansion of the Emiciclo Garibaldi – Stazione FS – S. Maria di Pisa line, towards the city peripheral neighborhoods. The project is about the creation of 8 new stops, a viaduct and a laying up center for trains maintenance.
STOPS: even if there are different landscape features, the stops are characterized by standard elements in steel, glass and stone which strongly identify the image of the new line. Constructive materials and coverings propose a simple and elegant structure. The design presents a shell profile, with an inclination of 12° towards the inner tracks, to reduce exterior perception, and with metal elements presented in their technological essence. The pillars are made of two elements, with an egg-shaped section, that narrow upwards.
CRM (center for trains maintenance): the centre is planned to be built in a non-urbanized area where the hill landscape is characterized by olive groves and a residential fabric of high historical value. The project tends to highlight the context's features, integrating the building in the topography of the area. Indeed, the five pavilions of the building redraw the hill profile of the zone.

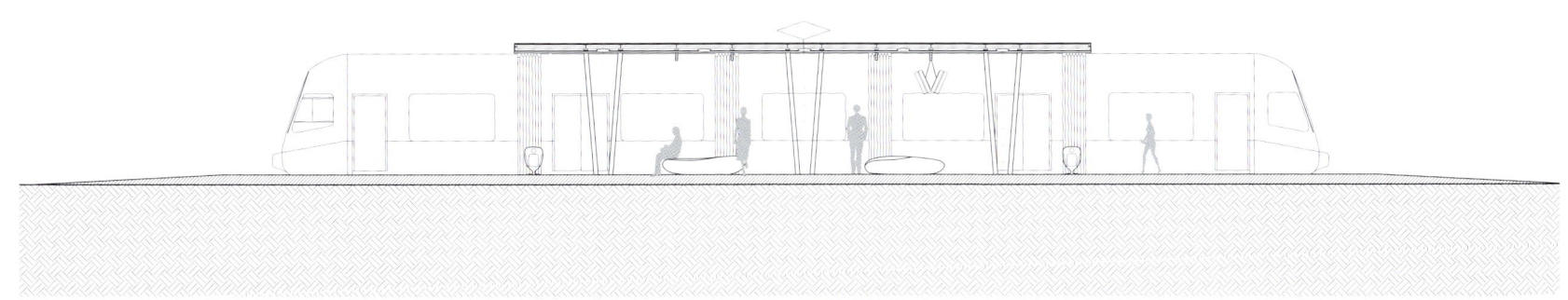

02

HOF
Palazzo Grossi - Nuova sede del centro servizi tecnici del comune di Perugia
Palazzo Grossi - New head office of Perugia's municipal technical department

ABDR
Restauro e ampliamento del museo archeologico nazionale di Reggio Calabria
Reconstruction of the national archaeological museum of Reggio Calabria

T Studio
Restauro e riuso dell'ex chiesa dell'Annunziata da adibire a museo d'arte contemporanea
Restoration and reconstruction of the ex-church "Annunziata" to be used as a museum of contemporary art

Donati-Tringali
Cattedrale di Noto
Noto Cathedral

Gennaro Farina
Consolidamento antisismico e recupero del Palazzo Doria Pamphilj
Architectural and artistic Restoration of Palazzo Doria Pamphilj

Cherubini-MIBAC
Palazzo Barberini
Barberini Palace

RESTAURO
RESTORATION

L'Italia, più di qualsiasi altro Paese, si fonda su radici storiche antichissime, e conta su un patrimonio architettonico millenario e di altissimo valore a livello mondiale. Da sempre quindi, il recupero assume per noi criticità di notevole interesse, conferendo all'Italia un ruolo di leadership internazionale, sia per le esperienze di recupero di alta qualità culturale ed artistica con l'uso di tecniche tradizionali, che grazie all'applicazione di tecnologie e materiali innovativi. A questo proposito si può fare riferimento alle tecniche messe a punto a partire dal 1986 dai Proff. Gavarini e Brancaleoni sul consolidamento strutturale antisismico dei complessi monumentali, con l'ausilio della modellazione agli elementi finiti. Altre molteplici esperienze importanti possono annoverarsi nel campo del consolidamento strutturale degli edifici di pregio storico-artistico con fibre di vetro e carbonio. Si ricordino infine le infinite esperienze di restauro altamente innovative condotte dall'ICR in Roma e dall'Opificio delle pietre dure a Firenze.

Italy, more than any other Country, rests upon most ancient roots and can to rely on a millennial, greatly valuable and world renowned architectural heritage. Reclaiming historical buildings has therefore always been an issue of remarkable interest, and Italy is the indisputable international leader in this field, both for the high-profile - in terms of cultural and artistic value - of the reclaiming projects carried out by means of traditional techniques, and for the adoption of innovative technologies and materials. On the subject, reference can be made to the techniques perfected since 1986 by Professors Gavarini and Brancaleoni on the structural, anti-seismic reinforcement of monumental complexes with the method of modeling applied to finite elements. More meaningful experiences may be counted in the field of structural reinforcement of buildings with a high historic-artistic value by means of glass and carbon fibers. It is ultimately worth to recall the endless, highly innovative restoration expcriences led by the ICR in Rome and the Opificio delle pietre dure in Florence.

HOF

Palazzo Grossi - Nuova sede del centro servizi tecnici del comune di Perugia
Palazzo Grossi - New head office of Perugia's municipal technical department

Progetto/Project HOF (Paolo Belardi, Alessio Burini), Roberto Baliani, Alessio Boco; **Luogo/Location** Piazza Morlacchi, Perugia, 2007-2009

L'intervento concerne la trasformazione di un ex-edificio scolastico edificato negli anni Cinquanta nel cuore del centro storico di Perugia, a cavallo tra il settecentesco Morlacchi e il cinquecentesco Palazzo Florenzi. Il progetto proponendosi di rispondere ai molteplici requisiti imposti dalla rinnovata destinazione d'uso senza stravolgere né l'impianto tipologico originario né l'immagine radicata nella memoria collettiva, è articolato in una serie di azioni strategiche nel cui ambito risaltano la riorganizzazione degli ingressi (segnalati da sistemazioni caratterizzate dall'uso di lamiere in acciaio corten), la valorizzazione dei fronti esterni (restaurati o ripristinati nelle parti più ammalorate), il confinamento visivo dell'ampliamento (concepito intrusivamente come tassello di nuova invenzione piantato all'interno di una corte soft-tech), l'adozione di sistemi bioclimatici (fondati sull'integrazione sinergica della facciata a doppio involucro con la vasca di acqua e vetri colorati) e l'enfatizzazione simbolica (perseguita mediante la disseminazione di interventi artistici). Ma soprattutto, non senza finalità metaforiche, il carattere ambiguamente bivalente conferito alla nuova sede comunale (prevedibilmente ancorata alla tradizione all'esterno quanto imprevedibilmente protesa verso il futuro all'interno) intende celebrare quell'equilibrio fra tradizione e innovazione che, da sempre, contraddistingue e qualifica a livello internazionale la città di Perugia.

The building from the early fifties is situated in the heart of the historical city centre of Perugia, between the seventeenth-century Teatro Morlacchi and the fifteenth-century Palazzo Florenzi and used to host a school. The primary objective of the conversion to the head office of the city's municipal administration was to meet the many requirements that the new use would involve without twisting neither the building's original typological layout, nor its rooted image in the collective memory. A series of strategic operations characterise the project: the reorganisation of the entrances (indicated with panels in cortensteel), the valorization of the external facades (restored and in the most deteriorated parts replaced), the extension with externally low visual impact (a new high-tech volume, planted inside the existing inner courtyard), the adoption of bioclimatic systems (based on the integration of a curtain wall with a basin filled with water and coloured glass fragments), and the use of symbolic emphasis (consisting of a number of art works spread around the building). But what most characterises the new head office of the city's municipal administration is its double nature (apparently rooted in the tradition on the outside and unexpectedly outstretched towards the future on the inside), which intends to celebrate the balance between tradition and innovation that always has distinguished Perugia.

ABDR

Restauro e ampliamento del museo archeologico nazionale di Reggio Calabria
Reconstruction of the national archaeological museum of Reggio Calabria

Sponor/Sponsor Cobar S.P.A **Cliente/Client** Presidenza del Consiglio dei Ministri; Struttura di Missione per le Celebrazioni dei 150 anni dell'Unità d'Italia; **Progetto/Project** Prof. Arch. Maria Laura Arlotti, Prof. Arch. Michele Beccu, Prof. Arch. Paolo Desideri, Prof. Arch. Filippo Raimondo; **Collaboratori/Colaborators** Arch. Nicola Bissanti (coordinamento operativo), Arch. Marco Riccobelli, Arch. Ester Buonfrate, Arch. Gij Pyckevet; **Impresa/Company** COBAR Costruzioni Barozzi S.p.A. **Luogo/Location** Reggio Calabria, Italy, 2009-2011

Il programma d'interventi in vista in vista del 150° Anniversario dell'Unità d'Italia prevede lavori per circa 140 milioni di euro. Tra le importanti infrastrutture che saranno inaugurate nel 2011 c'è la ristrutturazione del Museo archeologico di Reggio Calabria. L'investimento previsto, con fondi dello Stato Italiano e della Regione Calabria, consentirà una ristrutturazione completa delle sale espositive e la creazione di nuovi spazi di incontro per i visitatori. Inoltre sarà restaurata la parte esterna del Museo, restituendola così all'antico splendore. La ristrutturazione dell' edificio, sottoposto a vincolo di conservazione, prevede il suo ampliamento con una sala conferenze e roof garden. Il Museo Nazionale di Reggio Calabria, uno dei più importanti musei archeologici d'Italia, offre ai visitatori splendide testimonianze della civiltà della Magna Grecia emerse in scavi e ricerche effettuati nell'intera Calabria in più di cento anni. Fiore all'occhiello sono sicuramente i Bronzi di Riace, forse la più sensazionale scoperta dell'archeologia sottomarina del secolo scorso.

The National Archaeological Museum of Reggio Calabria, or Museo Nazionale della Magna Grecia (also known as Palazzo Piacentini), is home to one of the most important collections of late Hellenic archaeological remains.
The restoration project, conscious of the important and prestigious monument and its contents, proposes solutions aimed at improving the structure and a more rational use of available spaces, together with the introduction of avant-garde technological/building solutions and state-of-the-art MEP systems.

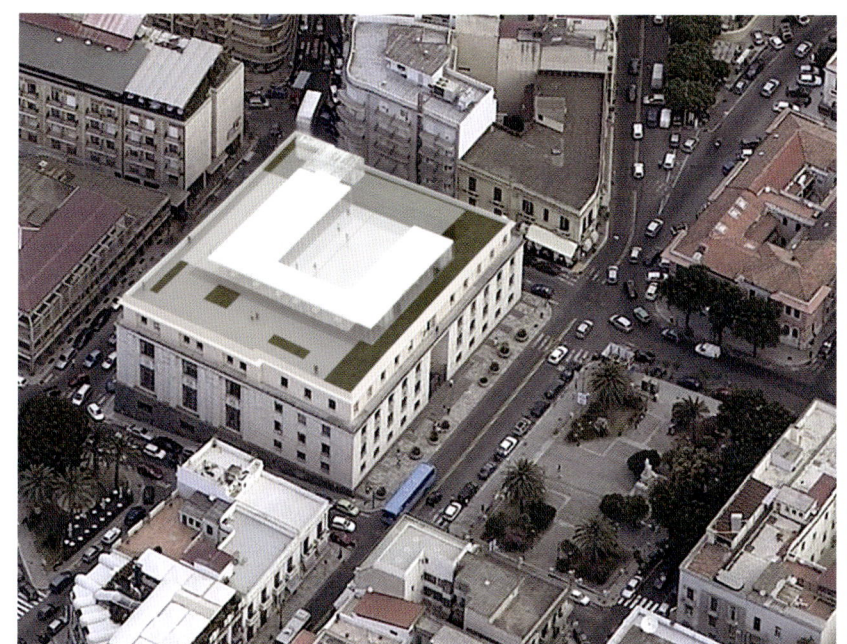

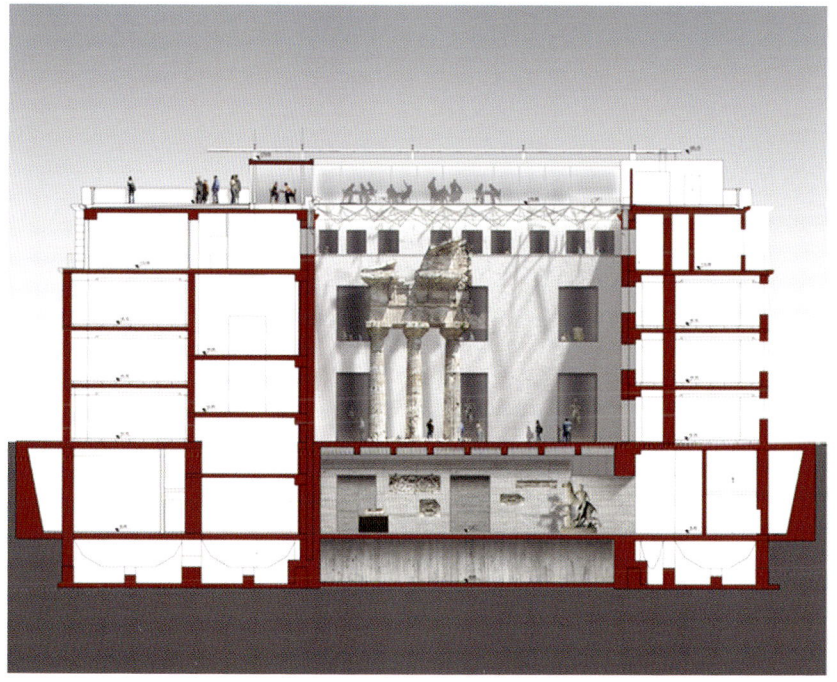

Restauro | Restoration | 71

T STUDIO

Restauro e riuso dell'ex chiesa dell'Annunziata da adibire a museo d'arte contemporanea
Restoration and reconstruction of the ex-church of the annunziata to be used as a museum of contemporary art

Cliente/Client Comune di Foligno(PG); **Progettazione architettonica/Architectural design** Tstudio; **Progettista/Designer** Arch. Guendalina Salimei; **Collaboratori/Colaborators** Arch.Luisella Pergolesi Con/With EBSG s.r.l., Arch. S.Mavilio, Arch. A. Schiattarella; **Progettazione strutture/Structural engineer** Ing. L. Mezzadri, Ing. M. Traversari, Ing. L.Marini; **Progettazione impianti/Mechanical engineering** Ing. B. Nutile, Ing. P. Saraceni; **Restauro/Restauration** Arch. G.Bulian; **Luogo/Location** Foligno(PG), Italy

Il progetto di restauro della ex Chiesa dell'Annunziata a Foligno, destinato a diventare museo d'arte contemporanea preserva l'integrità estetica della fabbrica "non finita", migliorandone la qualità e la funzionalità degli spazi interni attraverso la valorizzazione dei percorsi di distribuzione e dei notevoli ambienti della chiesa settecentesca, che nella storia recente hanno perduto la loro peculiarità a causa di interventi e destinazioni d'uso assolutamente non consoni al valore artistico e storico del manufatto.
L'ingresso viene spostato sul fianco est; per ragioni di tipo logistico, si entra dalla sala ottagonale che oltre ad offrire le funzioni di biglietteria e info-point, si arricchisce di uno spazio book-shop. Da esso si accede alla sala principale, che ospiterà l'illustre opera del maestro De Dominicis "La Calamita Cosmica". Da qui si può ammirare l'occhio di nuova apertura, coperto con materiale traslucido che illumina di luce naturale l'ambiente espositivo principale. Il volume di nuova costruzione completa la deambulazione anulare al primo piano e svolge oltre che funzione strutturale, ruolo di completamento dell'organismo architettonico originario.

The project of restoration of the ex-Church of the Annunziata in Foligno, destined to become a museum of contemporary art protects the aesthetic integrity of the factory "not finished", improving the quality and the functionality of the internal spaces through the exploitation of the runs of distribution and remarkable environments of the eighteenth-century church, which in the recent history have lost their peculiarity because of interventions and destinations of use absolutely not suitable with the artistic and historical value of the building. The entry is relocated on the side east; for logistic reasons, one enters to the octagonal hall that as well as offering the ticket office functions and info-point, is enriched with a space book-shop. From there we enter in the principal hall, which will hold the famous masterpiece of the master De Dominicis "The Cosmic Magnet". From here it is possible to admire the eye of new opening, covered with translucent material that brings natural light to the principal expositive environment. The volume of new construction completes the circular walk to the first plan and unwinds moreover structural function, list of completion of the original architectural organism.

 +  =

DONATI-TRINGALI

Cattedrale di Noto, Siracusa
Noto Cathedral, Siracusa

Cliente/Client Comune Noto - provincia di Siracusa; **Progettista/Designer** Arch. S. Tringali, Ing. R. De Benedictis, Ing. C. Benedetti **Luogo/Location** Noto (SR), Italy, 2000-2006

Un progetto Ambizioso

Dopo il crollo del 13 marzo 1996, l'intera comunità civile e religiosa si diede subito da fare per avviare la ricostruzione dell'edificio Sacro, secondo il principio del dove era e come era. L'incarico progettuale fu affidato, su indicazione del Vescovo Mons. Salvatore Nicolosi, al prof Antonino Giuffré. Il prof. Giuffré, sotto i cui insegnamenti é nato il progetto, non poté pero parteciparvi per la sua prematura scomparsa. Nel progetto furono coinvolte diverse università, sia italiane che straniere, e numerosi tecnici locali, il cui contributo e risultato essere deteminante nell'attività di progettazione prima e di esecuzione dopo. Ben 5656 elementi furono numerati ed archiviati di quell'ammasso di oltre 3600 metri cubi di macerie che coprivano ogni angolo della chiesa e che formavano un cumulo alto fino a 7 metri.

Il Cuore del problema: I Pilastri

La costruzione dei nuovi pilastri, a partire dalle loro fondamenta, é stata per tutti, in cantiere, un'operazione di grande importanza sia tecnica che simbolica. Rinasceva la Cattedrale, rinascevano i suoi pilastri. Assai pin difficile, perfino rischiosa, é stata la ricostruzione dei pilastri sul lato sinistro. Essi, infatti erano rimasti in piedi, ma erano costruiti esattamente come i pilastri di destra, con gli stessi difetti che il crollo avevano determinato di questi. Già in fase di progetto le numerose indagini e prove avevano dimostrato essere impossibile il loro consolidamento e fatto optare per la loro demolizione e ricostruzione; ma

An ambitious Project

After the collapse of 13 March 1996, the whole civil and religious community endeavoured for the prompt start of the church reconstruction, in accordance with the principle of constructing it as and where it was. On the proposal of the Bishop, Monsignor Salvatore Nicolosi, the project was entrusted to Prof. Antonino Giuffré. Prof. Giuffré, as originator of the Project, could not participate in its construction for its premature death. A number of Italian and foreign universities and numerous local technicians were involved, and their contribution was essential in the Project design and implementation activities.
As many as 5656 elements were numbered and archived of that heap of wreckage measuring more than 3600 cubic metres, which covered every corner of the church and reached up to 7 metres in height.

Pillars lay at the Heart of the Problem

As the Cathedral was called back to life, its pillars were reborn. A far more difficult and even riskier feat was the reconstruction of pillars on the left hand side – these had remained upright, but had been built exactly as the right hand side pillars, with the same defects which the collapse had revealed. As far back as in the design phase, the numerous surveys and tests had demonstrated that they could not be propped up, and provided a valid argument for their demolition and reconstruction – but doing it concretely was another thing. They originally bore the weight of the other wall of the nave as well as of the roof of

adesso farlo concretamente era altra cosa. Su di essi infatti poggiava l'altro muro della navata centrale nonché la copertura della navata sinistra e tutto doveva essere fatto mantenendo in equilibrio queste pesanti strutture, senza rischiarne alcuno spostamento, nè causarvi lesioni. Puntellando le due arcate laterali di ciascun pilastro con imponenti strutture in acciaio si ottenne, attraverso un sofisticato sistema di sollevamento con pompe idrauliche, di liberarli dai pesi sovrastanti, fino a poterli tagliare e demolire. E poi ricostruirli, anche qui dalle fondazioni, fino al ricongiungimento con le murature sovrastanti. Tutto questo e avvenuto un pilastro per volta, per non rischiare pericolosi stati di equilibrio, con un tempo di quattro mesi per ciascuno dei quattro pilastri e sei per quello sotto la cupola: quasi due anni di lavoro solo per questa fase.

La Cupola: Il Capolavoro.
La costruzione della cupola ha coronato ogni sforzo. Sebbene di difficoltà tecniche minori rispetto alla accennata sostituzione dei pilastri non crollati, per la sua complessità geometrica e la precisione richiesta, si sono tuttavia superate non poche difficoltà esecutive, dipendenti soprattutto dalla particolare forma di ciascun blocco che ne costituiva la struttura.

the left aisle and the reconstruction had to be done by retaining the balance between these heavy structures, without risking any shift or causing harm to the same. By propping the two side arches of each pillar with gigantic steel frames, arches were ultimately released from the overlying weights, through a sophisticated hoisting system driven by hydraulic pumps, to the extent that they could be cut and demolished. Next step was rebuilding them, here again from their foundations – until they could be reattached to the overlying masonry structures. This operation was completed by operating on one pillar at a time – not to impair the overall balance, with a frequency of four months for each of the four pillars and six months for the pillar under the dome – which amounted to a total of two years for this phase of works only.

The Dome, an axiomatic Masterpiece.
The construction of the dome topped the overall construction works.
Here technical difficulties were smaller than those implied by the replacement of non-collapsed pillars.

GENNARO FARINA

Consolidamento antisismico e recupero del Palazzo Doria Pamphilj in Valmontone
Architectural and artistic Restoration of Palazzo Doria Pamphilj in Valmontone

Cliente/Client Comune di Valmontone; **Progettista/Designer** Arch. Gennaro Farina **Con/With** Arch. Sandro Benedetti, Arch. Luciano Andreotti, Arch. Mario Docci, Ing. Carlo Gavarini, Arch. Gaetano Miarelli Mariani, Arch. Pia Pascalino **Luogo/Location** Roma, Italy

Il progetto ha riguardato il Consolidamento Antisismico e il Restauro Architettonico ed Artistico del Palazzo Doria Pamphilj in Valmontone. Il Palazzo e l'annessa chiesa della collegiata di S. M. Assunta furono costruiti tra il 1652 ed 1667 per il Principe Camillo Pamphilj su disegno di Mattia De Rossi allievo di Gian Lorenzo Bernini e da Benedetto Molli su disegni di Antonio del Grande.
I Palazzo ha una superficie di 7.400 mq, un volume di 48.000 mc e viene utilizzato come sede di Istituti Universitari, spazi espositivi ed attività istituzionali del Comune di Valmontone. Il piano di restauro ha dovuto applicarsi ad un edificio in forte decadenza, che aveva subito modifiche rilevanti durante i lavori di restauro nel XIX secolo, la distruzione parziale durante la II guerra mondiale (le facciate erano state fortemente danneggiate dai bombardamenti) e ancora un restauro parziale subito dopo. Tutto il lavoro di progettazione del consolidamento e del restauro ha utilizzato nuove tecniche di ingegneria antisismica messe a punto con l'Università degli Studi di Roma "la Sapienza".
Il lavoro ha previsto una serie lunga e complessa di fasi diverse, all'interno di un piano unico, per arrivare ad un restauro compiuto, con un tragitto faticoso fino all'ultima parte di lavoro svolto nel settore della grandi sale e delle facciate nord ed est. In conclusione, sono stati otte-

The project concerns the Earthquake-Proof Reinforcement and Architectural and Artistic Restoration of Palazzo Doria Pamphilj in Valmontone.
The area is of 7,400 square meters and it has a volume of 48,000 cubic meters. Actually the Palace is used as a university of Rome branch, exhibition spaces and for institutional activities of Valmontone City Council.
The restoration plan had to struggle with a very decayed building that had undergone major changes during restoration works in the 19th century, partial destruction from the war (the façades that had been destroyed by bombing) and again temporary restoration soon afterwards.
All the planning work and the actual restoration activities involved new ways to exploit and value the Palace used by the University of Rome " la Sapienza" with an ongoing postgraduate research activity, more advanced ways to improve the antisiesmic system. It was certainly a long and complex series of varied stages within a much larger plan and many were the steps required to make the restoration a success, hard all the way to the last bit of work done on the area of the large halls and of the north and east façades.
In turn, excellent results were achieved: the newly restored Palazzo Pamphilj is finally back to its sumptuous original look and to its previous role and splendour, being one

nuti lusinghieri risultati: il neorestaurato Palazzo Pamphilj è finalmente ritornato al suo aspetto originale e al suo precedente ruolo e splendore, essendo uno dei palazzi più importanti con impianto architettonico e apparato decorativo tra i più ricchi del Lazio e con un valore eccezionale per la città di Valmontone.

of the most important and rich architectonic buildings in Lazio and having such a special meaning and value for the town of Valmontone.

CHERUBINI-MIBAC

Palazzo Barberini
Barberini Palace

Lavori di restauro/Restoration I LOTTO Arch. Mario Lolli Ghetti; II LOTTO Arch. Federica Galloni; **Progetto/Project** Arch. Laura Caterina Cherubini **Consulenti/Consultant** Maestro Emilio Farina; Prof. Antonino Gallo Curcio; Studio Arch. Michele De Lucchi; Architecural Light Ing; Arch. Adriano Caputo **Impianti/Map Plant** Tim Progetti; Ing. Pio Pediconi **Luogo/Location** Roma, Italy,

Il Palazzo presenta i caratteri distributivi ideali, con la sua sequenza di sale riccamente decorate al piano terra e al primo piano, per esporre al pubblico una raccolta di opere d'arte, che essendo destinata ad ampliarsi, richiede la massima flessibilità dell'allestimento. La Galleria Nazionale, istituita nel 1895, con fondi provenienti da diverse collezioni si è arricchita nel tempo con donazioni e acquisti e, attualmente possiede circa 1500 dipinti che vanno dal XII al XVIII secolo. Per intervenire su un manufatto storico di così importante rilevanza architettonica, si è ritenuto di iniziare il percorso dalla conoscenza dettagliata delle strutture murarie dell'edificio con l'esecuzione di un rilievo architettonico per l'acquisizione dei dati metrici e del disegno geometrico d'insieme. Su questa base sono state individuate le diverse tipologie della struttura: volte in muratura, finte volte in camera a canne, controfodere in mattoni e in legno, vani tamponati, superfetazioni, canne fumarie inutilizzate ecc.

The building shows the ideal distributive characteristics, with its sequence of richly decorated halls both at the ground floor and at the first floor, in order to exhibit a collection of art works that, as being destined to be broadened, needs extreme flexibility for the preparation. The National Gallery, instituted in 1895, with the funds coming from the different collections, has so far enriched thanks to donations and purchases, and owns at the moment about 1500 paintings from the XII to the XVIII century. To intervene on a historical construction of such an architectural relevance, it was esteemed to start the route of a detailed knowledge of the building wall structures by executing an architectural survey aimed at acquiring the metrical data and the overall geometrical perspective. On this basis, different typologies of the structure have been traced: masonry vaults, fake vaults in cane structure, brick and wood underlining, stemmed rooms, "superfetazioni", unused chimneys, etc.

La raccolta di tutte queste informazioni e lo studio delle loro interconnessioni sono stati propedeutici allo studio dei passaggi dell'impiantistica che rappresentano uno dei temi più ardui e pericolosi per strutture antiche. L'edificio è caratterizzato dalla presenza preponderante di orizzontamenti costituiti da volte in muratura. Le spinte provenienti dalle volte, quando non eliminate per mutuo contrasto, impegnano le membrature murarie verticali di sostegno con sollecitazioni quasi sempre incompatibili con la natura meccanica del materiale della costruzione e ancor prima con la geometria delle sezioni strutturali. Il principio guida del progetto di consolidamento è stato pertanto quello di integrare le catene poste nell'estradosso delle volte già messe in opera nel seicento con un nuovo sistema di catene con un comportamento attivo fin dal loro posizionamento ,mediante una leggera pretensione ottenendo il doppio effetto di ridurre le spinte sui maschi murari d'imposta e di assicurare la stabilità di questi.

The storage of the whole information and the study of their interconnections have been preparatory for the study of the engineering phases that represent one of the most difficult And dangerous topics related to the ancient constructions. The building is characterized by the main presence of "orizzontamenti" made of masonly vaults. The thrusts coming from the vaults, when not eliminated by the mutual contrast, engage the vertical wall with stimulations resulting mostly incompatible with the mechanic nature of the building material and even more with the geometry of the structural sections. The result is that the principal aim of the engineering project aimed at integrating the chains set in the estradosso of the vaults that were already inserted in the sixteenth-century with a new cains system that passivity immediately starts to work through a light pretens thus obtaining the double effect of reducing the pushes on the walls and insuring the stability.

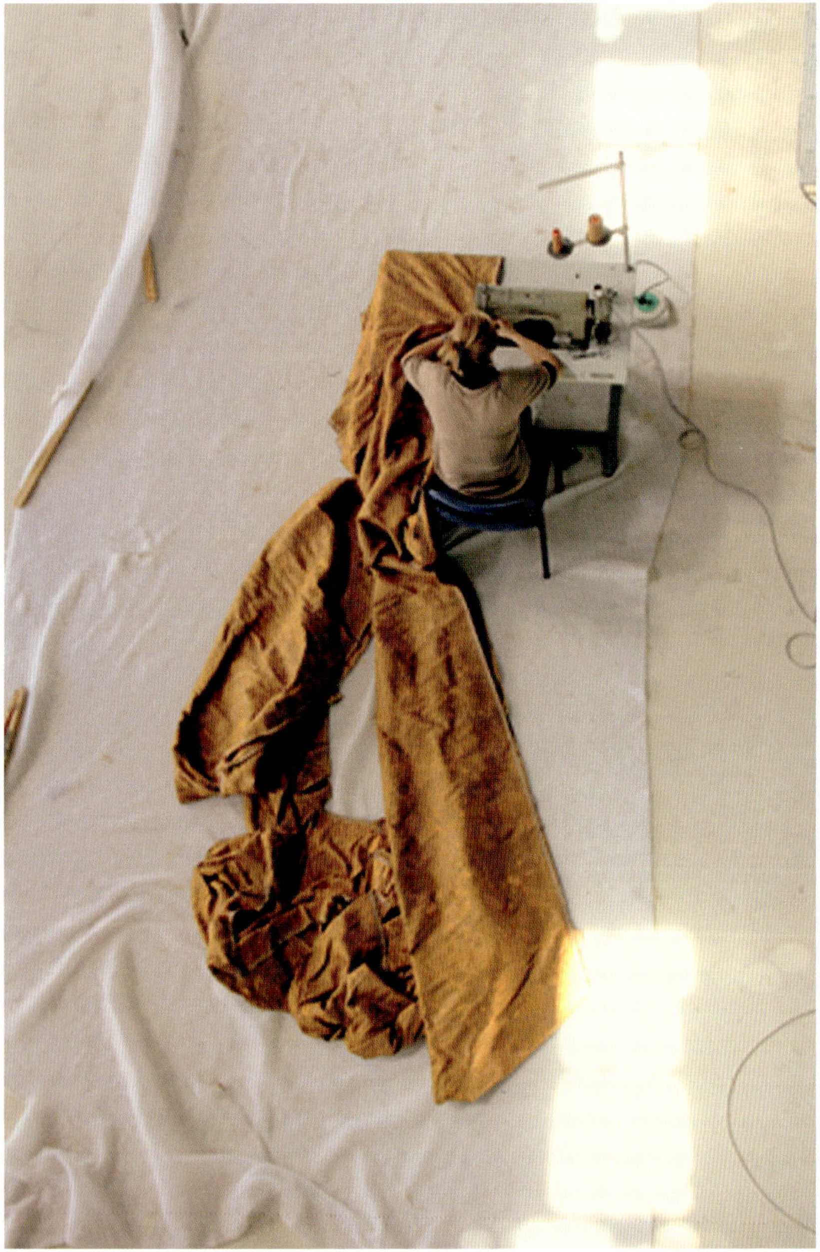

90 | Italian HIGH Design & HIGH Technology

03

Studio Professionisti Associati
Riqualificazione del quartiere fieristico internazionale della Sardegna
New fair complex of Sardinia

Raffaele Cutillo OfCA
Argyle Shiji Bai Grand International Hotel, Shiyan
Shiyan Argyle Shiji Bai Grand International Hotel

Ariatta+Buro Happold
Progetto Porta Nuova - Garibaldi
Porta Nuova – Garibaldi Project

Studio Amati Architetti
Stabilimento di Alenia Aeronautica per la produzione del Boeing B787
The Alenia Aeronautica fabrication plant for the new Boeing B787 aircraft

Giuseppe Manara & Partners
"Ospedale S.Maria della Misericordia di Rovigo". Nuova hall di ingresso e piastra tecnologica
"S.Maria della Misericordia di Rovigo Hospital". New entrance hall and diagnostics therapeutics building

Giacomini Spa
Hotel San Rocco
San Rocco Hotel

Made Expo
Fiera internazionale dell'architettura e dell'edilizia
Building and architecture international fair

Reconsult+Francesco Pellegrino Arch
Iberotel Apulia, Marina di Ugento
Iberotel Apulia, Marina di Ugento

PRODUZIONE

Il binomio architettura-industria è stato efficacemente declinato in diversi progetti italiani recenti. Essi si contraddistinguono per la capacità di coniugare fortemente le esigenze funzionali del processo produttivo e la sua "rappresentazione". La soluzione delle implicazioni strutturali ed impiantistiche attraverso approcci progettuali multidisciplinari integrati ha permesso di realizzare "contenitori" calibrati su requisiti tecnici di solito stringenti e con ottimi livelli di comfort degli ambienti di lavoro; "contenitori" al tempo stesso in grado di comunicare il livello di eccellenza della produzione stessa e la riconoscibilità di un brand. La capacità, tutta italiana, di saper armonizzare il vecchio e il nuovo, il naturale e l'artificiale, si esprime in questo ambito con realizzazioni di qualità indiscutibile.

The words architecture-industry have been effectively wed and employed in several recent Italian projects. They stand out for their ability to strongly combine the functional requirements of the production process with its "representation". Solving structural and systems-engineering aspects through integrated multi-disciplinary approaches allowed the construction of "containers" matching usually very stringent technical requirements and obtaining excellent levels of workplace comfort; "containers" fit to express the very level of excellence of the production itself and the recognizability of a brand. The all-Italian ability to harmonize new and old, natural and artificial, finds expression in this field with built elements of indisputable quality.

STUDIO PROFESSIONISTI ASSOCIATI

Riqualificazione del quartiere fieristico dell'azienda speciale fiera internazionale della Sardegna
New fair complex of Sardinia

Autore/Architect Studio Professionisti Associati srl; **Team di progettazione/Project team** Aldo Vanini, Massimo Faiferri, Carlo Caredda, Antonello Cabras, Paolo Assiero Brà, Lino Cabras, Paulina Herrera Letelier, Michele Mameli, Giancarlo Moi, Marcello Piga;

Luogo/Location Cagliari, Italy, 2009-2010

Nuovi scenari si definiscono per la città di Cagliari che, dopo secoli di diffidente chiusura verso il mare, riconquista i luoghi e gli usi di una città naturalmente marinara. La vicinanza dal mare rende spontaneo considerare la nautica e le attività connesse tra le vocazioni naturali della Fiera, aprendo una riflessione sul rapporto dell'area con il mare risolto con l'apertura di un canale che la mette in comunicazione con il porto cittadino, rendendosi disponibile sia all'uso espositivo che all'ormeggio per il diporto. La connessione diretta con l'area già destinata al diporto nautico di Su Siccu potrebbe consentire anche un ampliamento dell'area fieristica verso il mare aprendo nuovi scenari futuri. Grande importanza è stata data all'attività congressuale. Il nuovo palazzo dei congressi, si integra a quello esistente, insufficiente, e viene configurato come un sistema complesso multisala. Il progetto prevede un albergo all'ingresso della Fiera sul piazzale Marco Polo, in sinergia con le attività congressuale, espositiva, e diportistica. Il percorso di collegamento con il lungomare prosegue all'interno dell'area fieristica affiancandosi al nuovo canale e piegandosi in prossimità dell'albergo in contiguità con gli edifici nuovi ed esistenti posizionati lungo viale Diaz, connettendo il canale e l'albergo con il centro congressi e i suoi spazi.

The city of Cagliari is drawing new scenarios, after centuries of mistrust of the sea, recapturing the places and customs of a seafaring town. The proximity to the sea, makes spontaneous to think the boating and the related activities, as the natural vocation of the Fair. This aspect opens a discussion on the relationship with the sea area, solved with the opening of a channel that connects it with the city harbour, making it available for exhibitions, but also for recreational mooring.
The direct connection with the area already dedicated to recreational mooring of Su Siccu, could allow a seaward extension of the exhibition, opening to new future visions. Great importance has been given to the congressional activity. The new congress hall, is integrated to the existing, now inadequate, and is configured as a complex and multiplex system. The project includes an hotel at the entrance of the Fair on the Marco Polo square, in synergy with the conference activities, the exhibition area, and sailing. The path connecting the waterfront continues inside the Fairground along the new channel and changes its direction in close proximity of the hotel. Its role is to connect the new and the existing buildings located along Viale Diaz with the channel, the hotel and the convention center

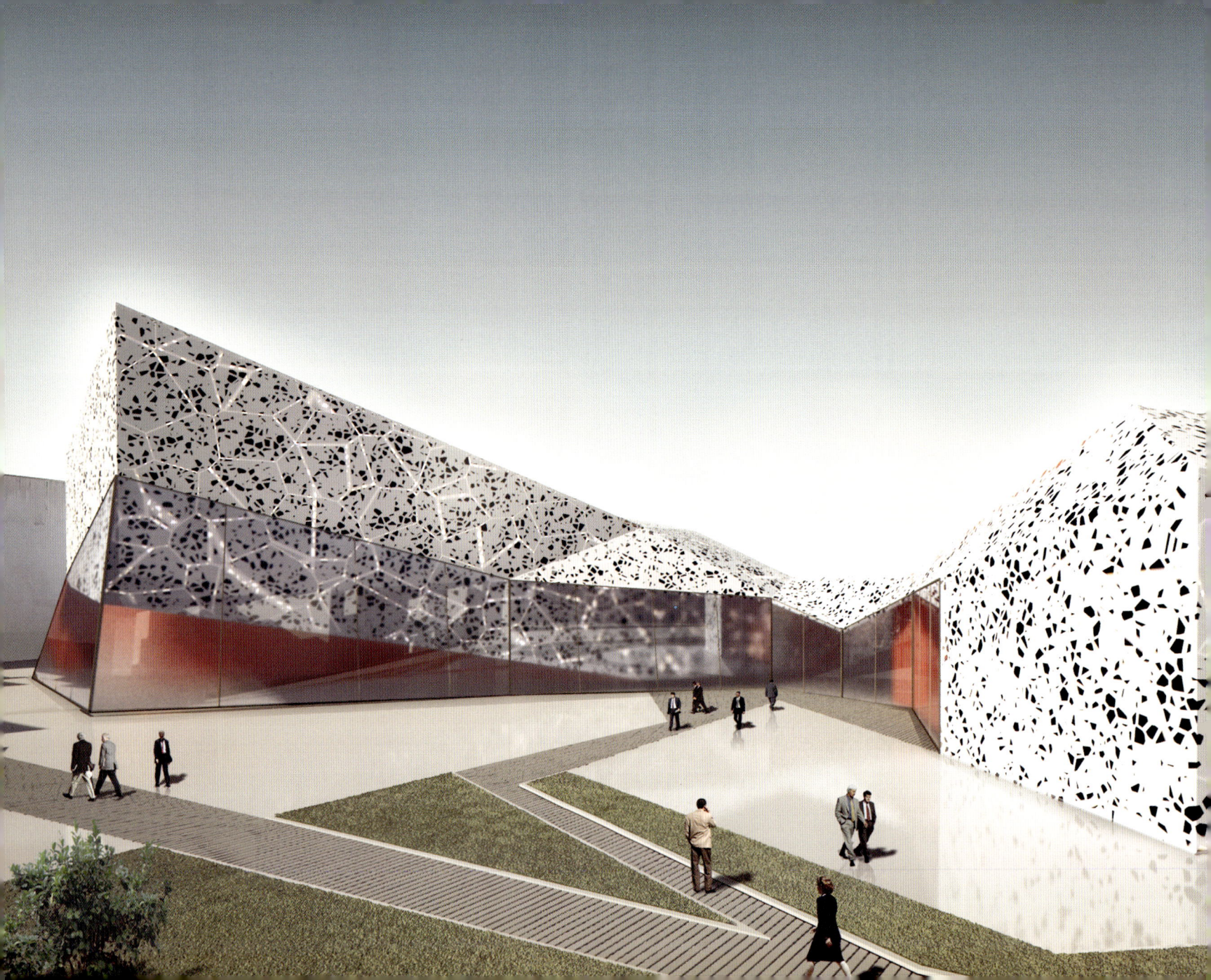

Produzione | Production | 97

RAFFAELE CUTILLO OfCA

Argyle Shiji Bai Grand International Hotel, Shiyan
Shiyan Argyle Shiji Bai Grand International Hotel

Committente/Client Shijibai Quiang; **Committente/Client** Shi Ji Bai Quiang; **Progetto/Project** Raffaele Cutillo OfCA; **Con/With** Giovannangelo De Angelis (DeA); **Collaboratori/Team** Alessandro Cimmino, Giancarlo Covino, Alfredo Del Prete, Emanuele De Vittino, Luigi Ferraiuolo, Antonella Mauriello, Achille Molitierno, Gianni Santopietro, Paola Angelini, Sandy Su, Jin Xuejuen, Beijing Wide Variety of Vision Art Design Co.,Ltd (WVOV), Zhao Yu Xiao, Fu Lihua; **Luogo/Location** Beijing North Road, Shiyan, Hubei,China, 2007;

L' Argyle Shiji Baiqiang Hotel e il parco urbano sorgono a sud est della città di Shiyan, nella provincia di Hubei, ai piedi del Wudang, catena di monti sacri, meta importante di pellegrinaggio per i fedeli maoisti e i turisti cinesi. Il disegno del parco naturalistico è ispirato dagli elementi fondamentali dei giardini cinesi: i paesaggi naturali, il godimento estetico dei visitatori, privilegiando così l'armonia fra cielo e uomo e combinando la bellezza artificiale con quella naturale. Il progetto dell'hotel, invece, consiste nello studio dell'involucro che riveste l'intero edificio lavorando su un impianto strutturale già delineato ed in fase esecutiva variato seguendo la progettazione e la distribuzione spaziale e funzionale degli interni. Le ipotesi concettuali dell'involucro in termini di prestazioni energetiche e di comfort ambientale prevedevano facciate continue verdi e doppia pelle, prima di giungere alla soluzione finale, un giusto compromesso tra le richieste della committenza e le scelte dei progettisti.
I prospetti principali rivolti verso la città sono stati realizzati con doppia pelle e bucature geometriche che prendono spunto dalla tradizione decorativa cinese, mentre i prospetti laterali vetrati, corrispondenti all'interno delle camere, dialogano apertamente con il parco circostante. L'impianto compositivo del masterplan definitivo realizzato comprende l'intero parco al cui interno sono distribuiti da ovest verso est tre edifici.

Shiji Baiqiang Argyle Hotel and the public park are situated south east of the city of Shiyan in Hubei province, at the foot of Wudang, sacred mountain range, an important destination of pilgrimage for the faithful Maoist and Chinese tourists.
The design is inspired by nature park on the key elements of Chinese gardens: the natural landscape, the visitors' aesthetic enjoyment, allowing only the harmony between heaven and man, combining artificial beauty with the natural beauty. The hotel project, however, concerns the building envelope, working on a structural plan already outlined in the executive phase and changed following the spatial and functional development required by the new interior design. The envelope's concept proposals, in terms of energy performance and indoor comfort, provided green curtain wall and double skin facade before reaching the final solution, a good compromise between the client's demands and the designer preferences. The main facade towards the city are built with double skin and geometric openings that are inspired by traditional Chinese decoration, while the glass side facade, matching the bedrooms, open dialogue with the surrounding park. The final master plan includes the entire urban park and inside it are distributed from west to east three buildings.

ARIATTA+BURO HAPPOLD

Progetto Porta Nuova - Garibaldi
Porta Nuova – Garibaldi Project

Sponsor/Sponsor Clima Veneta; **Cliente/**Client Hines Italia; **Progetto/**Project Cesar Pelli & Associates Architects (USA); **Con/**With Adamson Associates (Toronto, Canada) - TEKNE Spa (Milano); **Strutture/**Structural MSC Associati Srl (Milano) - ing.Danilo Campagna; **Impianti/**Mep plants Ariatta Ingegneria dei Sistemi (Milano) - Buro Happold (UK); **Luogo/**Location Milano, Italy, 2009-2011

La strategia energetica Complessivamente vengono realizzati circa 120.000 mq di direzionale ed espositivo 55.000 mq di Podium interrato (parcheggi e servizi). Attorno al "Podio" sorgono 3 Torri di 30, 20 e 10 piani (Torri A, B, C), un edificio doppio corpo (E1-E2), tutti a destinazione direzionale, oltre a un edificio espositivo per eventi legato alla moda e alla creatività (E3). Il progetto energetico del complesso massimizza lo sfruttamento dell'Acqua di Prima Falda, risorsa energetica rinnovabile peculiare dell'area Milanese. Le macchine termo frigorifere utilizzate sono una evoluzione dei tradizionali gruppi frigo reversibili a pompa di calore, in quanto sono in grado di produrre CONTEMPORANEAMENTE acqua refrigerata e calda (GRUPPI POLIVALENTI).

The energy strategy In total, the following are realized 120.000 sqm business and exhibition area 55.000 sqm "Podium" basement (parking and technical areas). Around the "Podium", 3 buildings - 30, 20 and 10 storey high - (Buildings A-B-C) and a double body building (E1-E2) - rise, all with business functions, besides an exhibition building to host events connected with fashion and creativity (E3). The energy project within the complex maximizes the utilization of groundwater - a renewable energy resource - which is particular to the Milan area. The thermo-refrigeration machines used are an evolution of the traditional reversible heat pump refrigeration system, being able to produce both chilled water and hot water AT THE SAME TIME (MULTI-USE UNITS).

Gli edifici richiedono quasi sempre, nell'arco dell'anno, freddo e caldo contemporaneamente, anche se, ovviamente, in proporzioni diverse. In tutti quei mesi dell'anno in cui nell'edificio è prevalente la richiesta di freddo (estate e mezze stagioni), il caldo che viene generato sul condensatore è GRATUITO. In tutti quei mesi dell'anno in cui nell'edificio è prevalente la richiesta di caldo (inverno pieno), il freddo che viene generato sull'evaporatore è GRATUITO. La peculiarità delle macchine Polivalenti è che in ogni qualsivoglia momento dell'anno le stesse MASSIMIZZANO autonomamente l'efficienza del ciclo energetico con cui si genera l'energia calda e fredda.
In particolare l'efficienza MASSIMA si ha nei periodi medio stagionali nei quali più probabile è la contemporaneità di richiesta di caldo e di freddo (uno dei due è sempre GRATIS).

Buildings nearly always require cooling and heating at the same time, even if in different proportions of course, throughout the year. During those months of the year when the building mainly requires cooling (summer and mild seasons), the heat generated on the condenser is FREE. In those months of the year when the building mainly needs heat (midwinter), the cold generated on the evaporator is FREE. The distinctiveness of the Multi-use units is that, at any time during the year, they MAXIMIZE the efficiency of the energy cycle, combining the generation of both hot and cold energy, independently. In particular, the MAXIMUM level of efficiency is achieved during the milder seasons when the demand for "hot and cold" at the same time is more probable (one of the two is always FREE).

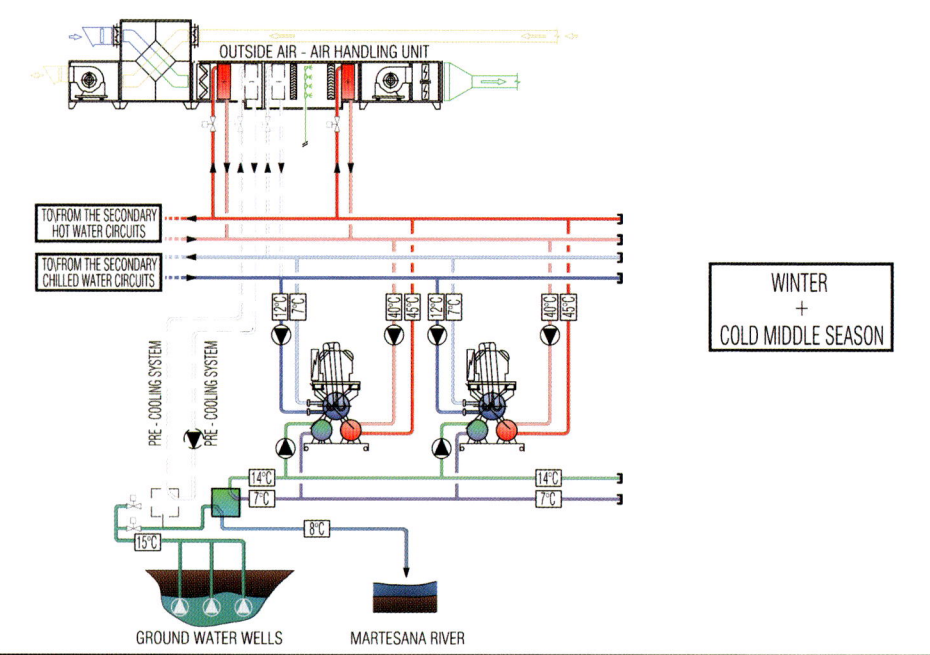
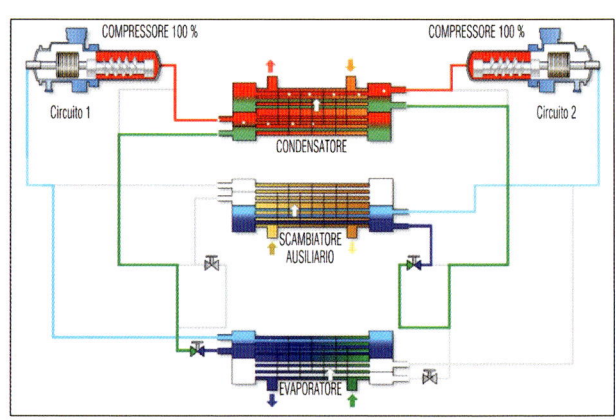
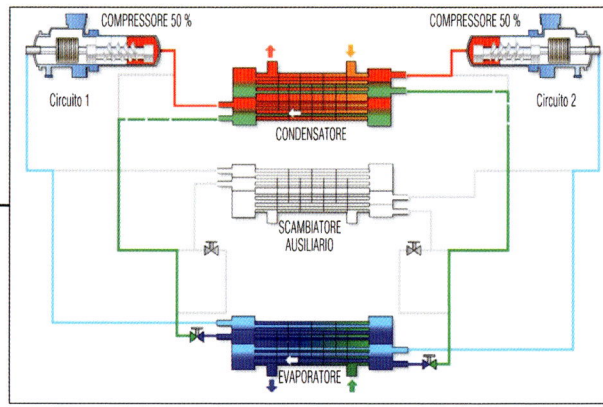
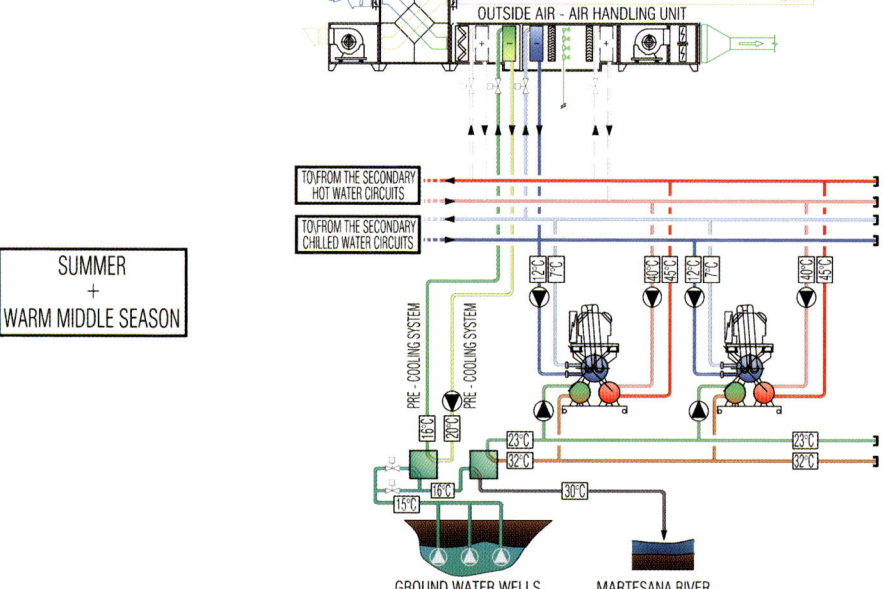
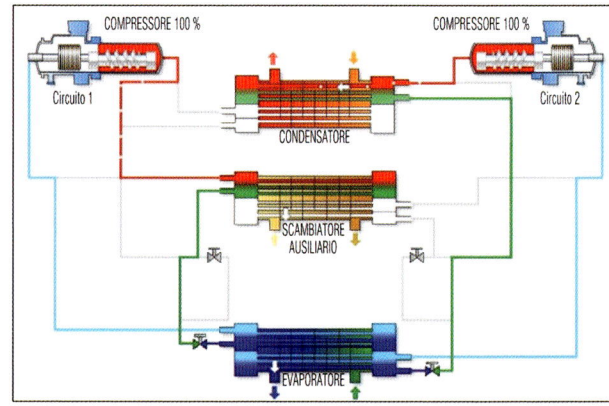

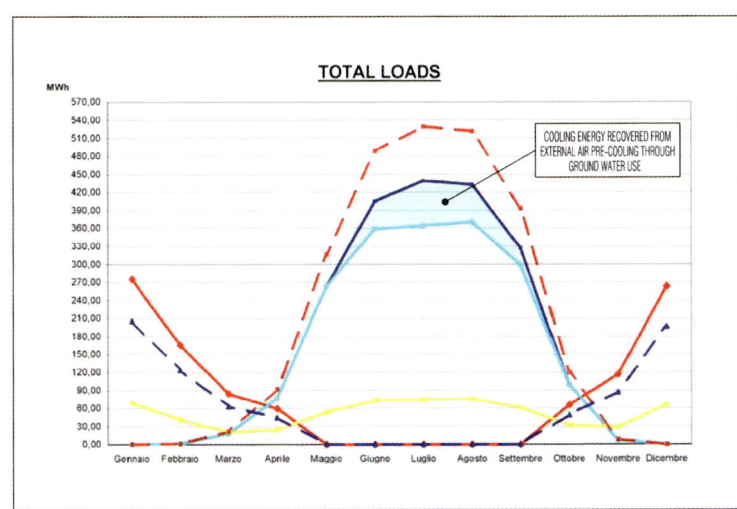
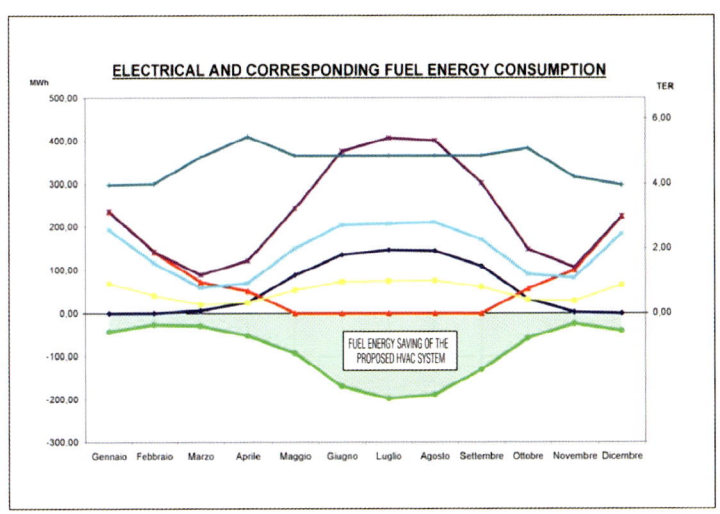
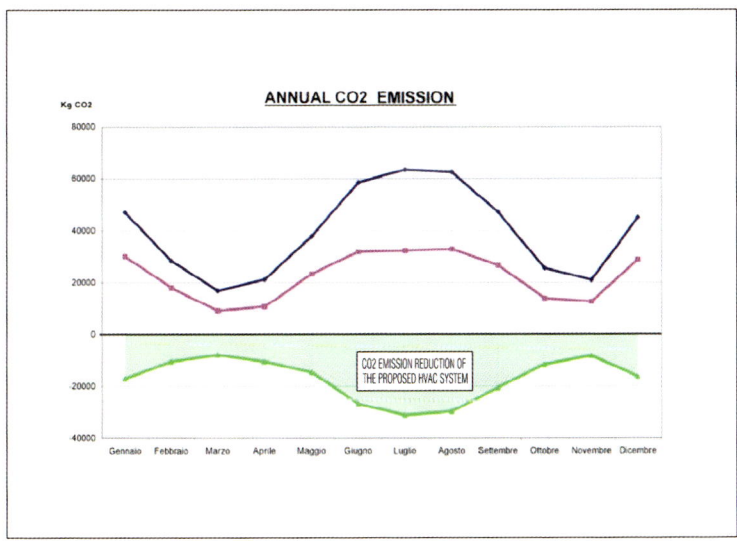

- TOTAL LOADS -
- PROPOSED BUILDING HEATING ENERGY CONSUMPTION
- BASELINE BUILDING COOLING ENERGY CONSUMPTION
- PROPOSED BUILDING COOLING ENERGY CONSUMPTION
- MULTIUSE HEAT PUMP/CHILLER ELECTRICITY CONSUMPTION
- HEAT ENERGY TO BE REJECTED ON THE CHILLER CONDENSER
- COOL ENERGY TO BE REJECTED ON THE HEAT PUMP EVAPORATOR

- ELECTRICAL AND CORRESPONDING FUEL ENERGY CONSUMPTION -
- BASELINE HIGH EFFICIENCY COOLING SYSTEM ELECTRICITY CONSUMPTION (EER3)
- BASELINE HIGH EFFICIENCY HEATING SYSTEM ENERGY CONSUMPTION (ETA = 107 %)
- CORRESPONDING FUEL ENERGY CONSUMPTION FOR THE PROPOSED HVAC SYSTEM
- CORRESPONDING FUEL ENERGY CONSUMPTION FOR THE BASELINE HVAC SYSTEM
- CORRESPONDING FUEL ENERGY SAVING OF THE PROPOSED HVAC SYSTEM
- MULTIUSE HEAT PUMP / CHILLER ELECTRICITY CONSUMPTION
- MULTIUSE HEAT PUMP / CHILLER TOTAL ENERGY RATIO (TER)

- ANNUAL CO2 EMISSION -
- CO2 PRODUCTION OF THE BASELINE HVAC SYSTEM
- CO2 PRODUCTION OF THE PROPOSED HVAC SYSTEM
- CO2 EMISSION REDUCTION OF THE PROPOSED HVAC SYSTEM

STUDIO AMATI ARCHITETTI

Stabilimento di Alenia Aeronautica per la produzione del Boeing B787
The Alenia Aeronautica fabrication plant for the new Boeing B787 aircraft

Committente/Client Alenia Aeronautica S.p.a.; **Architettura e Coord. Sicurezza/Architectural & Safety coordination** Studio Amati s.r.l.; **Strutture/Structural works** SEICO S.r.l – IN.PR.A. S.r.l; **Impianti/Technical Systems** Ariatta Ingegneria dei sistemi S.r.l.; **Fotografie/Photos** Lorenzo De Simone (Fondazione Promozione Acciaio), Giuseppe Losurdo (Studio Amati); **Luogo/Location** Grottaglie-Monteiasi (TA), Italy 2004 - 2006

Il progetto del nuovo complesso produttivo di Alenia Aeronautica rappresenta, per importanza, uno dei maggiori interventi industriali realizzati in Italia negli ultimi anni. Nello stabilimento vengono prodotte due sezioni della fusoliera per la fabbricazione del Boeing B787 Dreamliner, il primo aereo civile in fibra di carbonio. che introduce un risparmio di carburante del 20%. Cuore dell'intero stabilimento produttivo è il nuovo fabbricato industriale, con una pianta rettangolare tripartita in navate da 55 metri per un'altezza di 25 metri ed una superficie complessiva di circa 70.000 mq. Il fabbricato fornisce una risposta non solo in termini di funzionalità, ma anche di eccezionalità per la qualità architettonica introdotta in uno stabilimento industriale. L'impianto planimetrico rettangolare è ripartito in ambiti funzionali corrispondenti alle varie fasi del processo produttivo. Le fessure caratterizzano anche le condizioni di luce all'interno dell'edificio.

Il complesso degli elementi architettonici celebra la poderosa macchina produttiva e gli avanzati sistemi tecnologici che operano all'interno dello stabilimento. L'esito è di grande suggestione, tutto è stato calibrato e progettato per integrarsi con il contesto ambientale rispettandone a pieno le valenze paesistiche.

The project of the new Alenia Aeronautica fabrication plant is, in terms of prominence, one of the biggest industrial complexes in Italy. Two sections of the Boeing B787 Dreamliner fuselage are built in the plant, the aircraft being the first carbon composite commercial airliner ever built and designed to reduce fuel consumption by 20%. The main fabrication facility, standing at the core of the complex, is laid out in a three-bay rectangular shape - each bay 55 meters wide by 25 meters high - and covers a 70,000 square meters area.
The facility does not simply provide a response to functional demands; its outstanding architectural quality is also unusual for an industrial complex. The rectangular layout in three section matches the functional steps of the fabrication process. The gaps in the outer walls affect the indoor lighting conditions as well.
The complex is immediately recognized through the colour of its walls and the contoured shape of the two metal shells encasing the outer stairs. The outcome is highly striking while being fully respectful of the surrounding natural environment.

Produzione | Production | 109

GIUSEPPE MANARA & PARTNERS

"Ospedale S.Maria della Misericordia di Rovigo" Nuova hall di ingresso e piastra tecnologica
"S.Maria della Misericordia di Rovigo Hospital" New entrance hall and diagnostics therapeutics building

Committente/Client Azienda Ulss 18 Rovigo, Regione Veneto; **Progetto/Project** Studio Arch. Giuseppe Manara & Partners, Studio Altieri Spa, Manens-Tifs Ingegneria; **Arredi interni/Interior design** Studio Paparella; **Luogo/Location** Rovigo, Italy 2007-2010

Con la realizzazione della nuova hall di ingresso, il baricentro della struttura viene modificato, con la conseguenza che i flussi dei pazienti destinati alle attività diagnostiche e terapeutiche si spostano sulla parte sud del complesso ospedaliero. All'interno della nuova hall sono previste tutte le aree funzionali dedicate all'accettazione dei pazienti, oltre che a servizi di carattere "alberghiero" rivolti anche ai visitatori: le attese, il bar, il self-service, gli spazi commerciali. I lavori di completamento della piastra polifunzionale tecnologica consentiranno di dotare l'Ospedale di servizi diagnostico-terapeuti moderni, attraverso il potenziamento del Dipartimento di Diagnostica per Immagini e la concentrazione delle sale operatorie in una zona protetta da interferenze esterne e facilmente comunicante, con collegamenti rapidi e dedicati, alle Terapie Intensive. Un processo di trasformazione complesso in quanto ha interessato la struttura esistente in maniera multidisciplinare, attraverso interventi mirati, perfettamente coordinati, rispettosi delle tempistiche e, soprattutto, che non hanno mai comportato l'interruzione dell'attività in corso.

With the realization of the new entrance hall, the barycentre of the complex is modified and consequently the flows of patients heading to diagnostic and therapeutic activities are moved south of the hospital complex.
Within the new hall, all functional areas dedicated to patients' admission have been foreseen, as well as services addressed to visitors: waiting areas, bar, self service, and commercial spaces.
The completion works of the diagnostic therapeutics building will allow equipping the hospital with modern diagnostic-therapeutic services through the expansion of the Diagnostic Imaging Department and the concentration of the operating theatres in a protected area from external interference which is easily connectable and with fast and dedicated connections to Intensive Therapy.
A complex transformation process, as the existing structure was involved in a multidisciplinary manner, through targeted interventions which were perfectly coordinated, respectful of the timing schedule and, above all, which never caused interruption of ongoing activities.

Produzione | Production

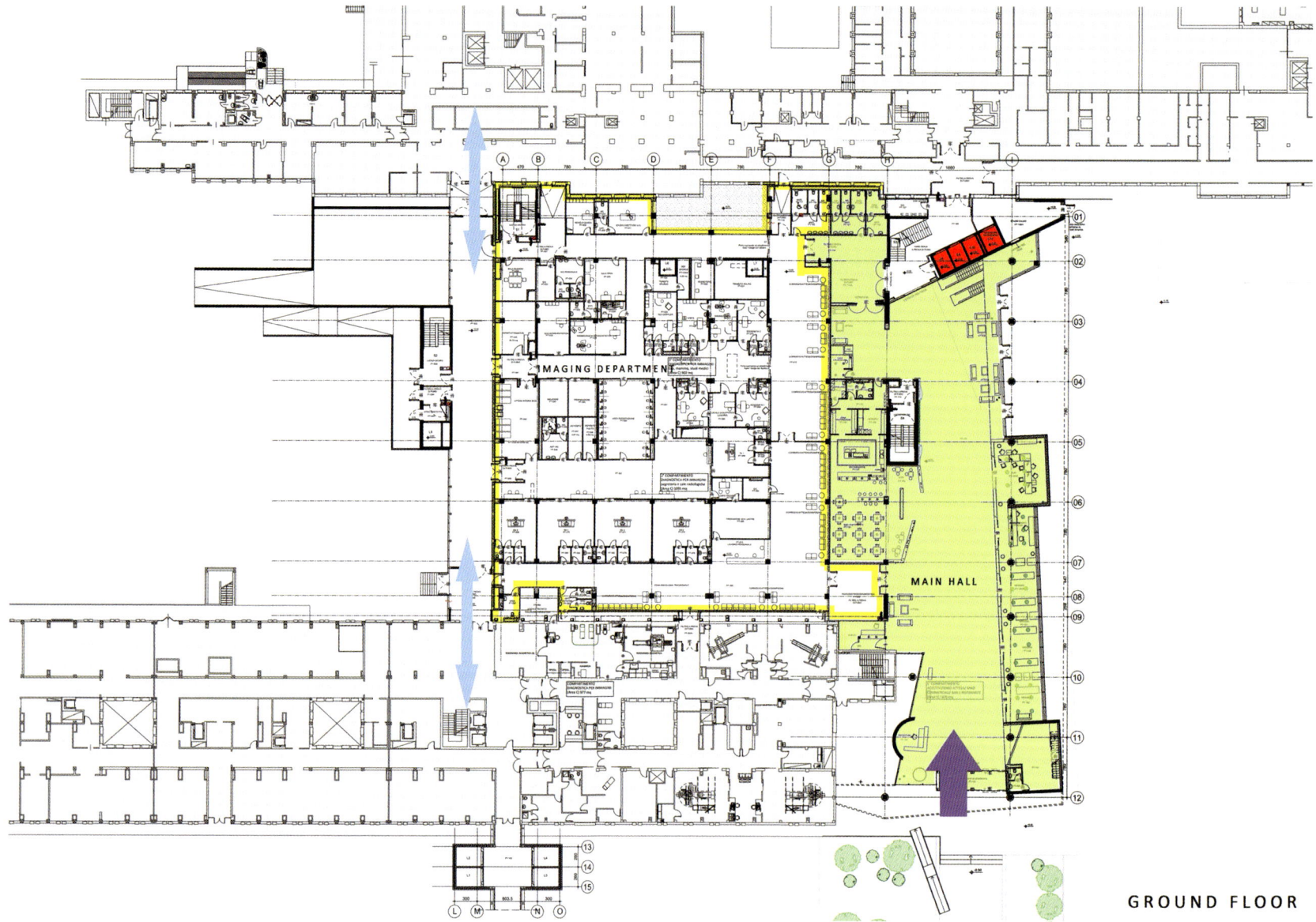

GROUND FLOOR

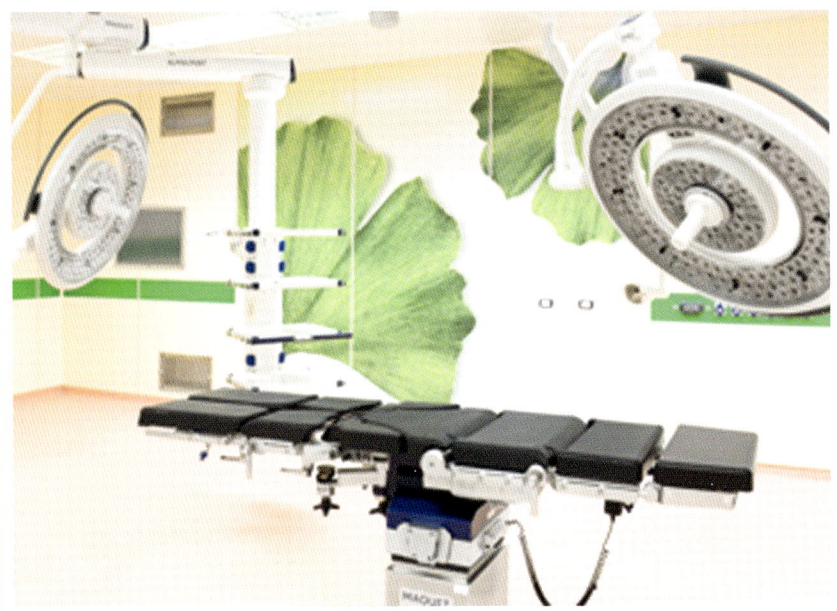
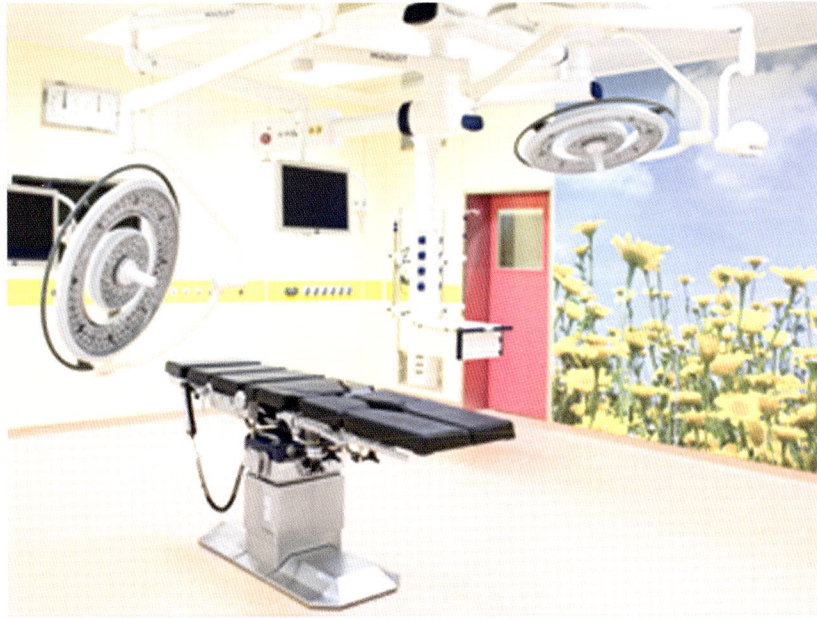

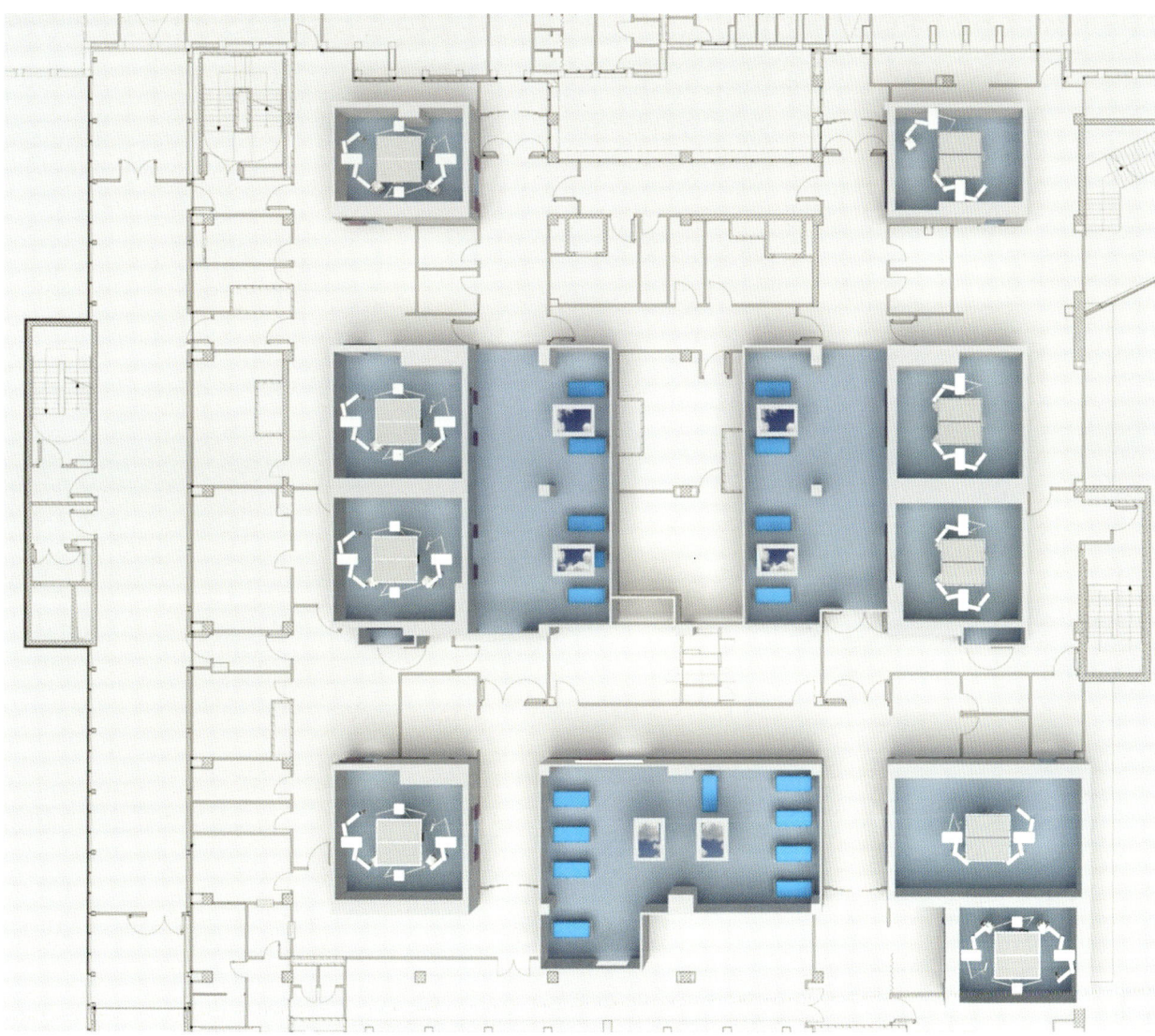

GIACOMINI SPA

Hotel San Rocco
San Rocco Hotel

Cliente/Client Hotel San Rocco; **Progetto/Project** Arch. Andrea Zanin di G! Architettura con la collaborazione di Fulvio Guidetti di Guidetti Arredamenti; **Luogo/Location** Lago d'Orta (NO), Italy, 2010

L'Hotel San Rocco è uno stupendo complesso alberghiero affacciato sulle sponde del lago D'Orta e delimitato dalle mura di un antico monastero. E' stata la prima struttura ricettiva ad aver ottenuto a inizio dello scorso anno un'importante certificazione come albergo ECO sostenibile.
Per ottenere tale certificazione all'inizio del 2009, è stato necessario intervenire con imponenti opere di riqualificazione.
L'albergo è diventato oggi una vetrina di soluzioni progettuali che hanno il denominatore comune della ricerca della massima efficienza energetica e dello sfruttamento di energie rinnovabili: dall'innovativo combustore catalitico a idrogeno H2ydroGEM® (BY Giacomini) per arrivare fino ai conosciuti sistemi di riscaldamento/ raffrescamento radiante a pavimento e soffitto, lo sfruttamento dell'energia solare per la produzione di acqua calda per il wellness roof garden.
Questa concentrazione d'innovazione è frutto della ricerca e sviluppo coadiuvata con una grande sensibilità a cura di GIACOMINI S.p.A.

The San Rocco Hotel, most beautiful structure inside of an antic monastery compound on the Orta Lake Rivers, it was the first certified Green energy Hotel.
In order to obtain this kind of certification, it was strongly renewed, couple of years ago, upgrading it with the most advanced technology.
Nowadays, it s a permanent show room with the mission to integrate the maximum efficiency with the capacity to use the green available energy: first of all thanks to the innovative H2ydroGEM® (BY Giacomini) catalytic boiler supplying the already well known radiant heating and cooling Systems in under-floor and ceiling version. The thermal solar energy is able to supply the hot water for the sanitary application and related wellness roof garden.
All these advanced technologies are constant research and development results combined with the experience and the innovative mind of Giacomini Company S.p.A.

MADE expo

Milano Architettura Design Edilizia
Milano Architecture Design Building

Milano, 5-8 ottobre 2011.
La fiera internazionale dell'architettura e dell'edilizia piu' visitata in italia.
242.152 presenze (+21%), delle quali 23.810 estere (+24%), fanno di MADE expo la fiera internazionale dell'edilizia e del progetto più visitata in Italia. Le percentuali di incremento rispetto all'edizione precedente testimoniano il crescente successo della manifestazione, accreditata dal mondo delle costruzioni come l'unico evento di respiro internazionale, anche grazie alla partecipazione di oltre 1.700 espositori. FEDERCOSTRUZIONI, la federazione che fa parte di Confindustria e che riunisce le categorie produttive più significative di tutto il mercato edile e infrastrutturale in Italia, ha riconosciuto MADE expo come riferimento qualificato, contribuendo a farne l'evento imperdibile del settore.

Milan, 5-8 october 2011.
The building and architecture fair looks to october 2011.
242,152 visitors (+21%), of whom 23,810 foreigners (+24%), make MADE expo the best attended international building and architecture fair in Italy. These increases on the previous edition are proof of the fair's growing success, confirmed by the construction world as the only international-level event, also thanks to participation by over 1,700 exhibitors.
FEDERCOSTRUZIONI, the federation which forms part of Confindustria and which brings together the most significant production categories in the whole of Italy's building and infrastructure market, has recognised MADE expo as being a significant point of reference, contributing to making it the sector's not to be missed event.

Prodotti e soluzioni performanti per costruire

MADE expo è la piattaforma privilegiata dove s'incontrano domanda, offerta, innovazione e dove la produzione, distribuita in aree ad alta specializzazione, dialoga direttamente con i progettisti e le imprese. L'area delle strutture, dei sistemi costruttivi e dei materiali, quella delle attrezzature, delle tecnologie e delle soluzioni per il cantiere, accanto alle aree delle tecnologie informatiche per il progetto e quella della costruzione e del progetto e dei servizi per la filiera delle costruzioni, offrono agli addetti ai lavori la più ampia e qualificata gamma di prodotti e soluzioni per l'edilizia.
In mostra a MADE expo tutte le eccellenze in tema di strutture in calcestruzzo, legno, acciaio, ferro, alluminio, laterizi, vetro, materie plastiche, isolamento, prodotti chimici, impiantistica e energie rinnovabili, software e hardware al servizio del progetto e del calcolo strutturale, utensili, strumenti di misura e controllo, prodotti e soluzioni per il cantiere e la sicurezza, per dare forma al concetto di costruire contemporaneo.

High-performance building products and solutions

MADE expo is the preferential platform where demand, supply and innovation meet up and where products, spread over highly specialised themed areas, come into direct contact with planners and businesses.
The areas for structures, construction systems and materials, for equipment, technologies and solutions for sites, alongside areas for IT design and construction technologies and design and services for the building chain, offer sector operators the widest and best-qualified range of building products and solutions.
On show at MADE expo are excellences in terms of concrete, wood, steel, iron, aluminium, brick structures, glass, plastics, insulation, chemical products, plant engineering and renewable energies, software and hardware for design and structural calculations, tools, measurement and control instruments, products and solutions for sites and safety, giving shape to the concept of contemporary building.

RECONSULT+FRANCESCO PELLEGRINO ARCH.

Iberotel Apulia, Marina di Ugento
Iberotel Apulia, Marina di Ugento

Cliente/Client Ugento s.r.l; **Progetto/Project** Reconsult S.p.A. – Arch. Francesco Pellegrino - Lorenzo Bellini Associates; **Collaboratori/Collaborators** arch. Massimo Galletta, arch. Michela Assi, arch. Manuela Fedeli; **Ingegneria/Engineering** Reconsult S.p.A.; **Luogo/Location** Marina di Ugento (LE), Italy, 2007-2009

Il complesso è sito a Marina di Ugento, Lecce. L'area avrà caratteristiche estensive, con volumetrie basse, ampie superfici destinate a verde e attrezzature sportive. L'attività ricettiva è distribuita in più edifici indipendenti, costruiti all'uopo e separati da adeguata distanza di sicurezza. L'architettura del complesso si articola in un corpo principale adibito a servizi collettivi quali ristorazione, reception, uffici, spazi di intrattenimento ed alloggi per il personale, e in alcuni corpi secondari adibiti a residenze per gli ospiti.

Il corpo servizi si sviluppa complessivamente su tre livelli di cui il primo, interrato, è adibito essenzialmente a depositi, il secondo, al piano terra, è adibito invece a ristorazione, reception, sale riunioni e zone per il personale di servizio, il terzo infine, al primo piano, è adibito a ristorazione e spazi di intrattenimento collettivi nonché alloggi per il personale. Il corpo servizi si sviluppa su una superficie complessiva di circa 7.690 m2, dispone di due ristoranti e un bari, 4 sale riunioni, 16 camere per il personale. I residence si sviluppano su due livelli, piano terra e piano primo, e sono di due tipi: a corte semplice e doppia. All'esterno il complesso insiste in un area adibita a verde attrezzato, con piscina, campi da tennis e parcheggi a raso; sono previste alberature a medio fusto da porre a dimora.

The touristic receptive new building is placed in Fontanelle's area, Marina di Ugento, Lecce. The site has expanding characteristics, considering low volumes and big terrains with plants and structures for sports activities. The hotel is divided in different buildings, far from each other the right distance considering observance. Compound's architecture plans a main building with offices, reception, restaurants, entertainment spaces and staff rooms, then there are other buildings with guest rooms. The main building has an "L" shape articulated in three floors. In the first one, that is underground, there are stores; in the second one, the ground floor, there are reception, restaurant, a conference hall and staff areas, in the third one, in the end, there are restaurant, entertainment spaces and staff rooms. Activities placed at the first floor are also located outside in specific areas dedicated to disabled people, they are equipped with some fire escapes. All the rooms at the ground floor have emergency exits directed to safety place outside. The main building's area is totally 7690 m2, there are 2 restaurants an 1 bar totalling up 1000 seats, 4 conference halls having 56 seats in each one, 16 staff rooms with 45 beds. All the other buildings have 2 floors and a single or double court, buildings with a single court have 22 suites with 68 beds in total for each one, buildings with a double court, instead, have 40 suites with 120 beds for each one.

04

Studio Performa
Parco multifunzionale per lo sport e l'intrattenimento "Parco delle Stelle"
Multifunctional Sport & Entertainment Park "Parco delle Stelle"

Benedetti Lantschener
Il Progetto Casaclima
The Casaclima / Klimahaus Project

Studio Gasparrini
Piano Urbanistico Attuativo per le aree di proprietà del gruppo Kuwait
Detailed Urban Plan for the areas owned by Kuwait Company

Obr
Comparto residenziale Milanofiori
Milanofiori Residential Complex

De8 architetti+2 architetti
Grattacielo Pirelli, il Belvedere al 31° piano
Pirelli skyscraper, the 31° floor Belvedere

Abdr
Nuovo Auditorium Parco della Musica di Firenze
The New Auditorium Parco della Musica in Florence

Sudarch
Parco della Memoria a San Giuliano di Puglia
Memory Park in S. Giuliano di Puglia

Z_00 Architecture. Bureau
Everyday Urbanism
Everyday Urbanism

Domenico Perrone
Presidio di riabilitazione funzionale
Functional rehabilitation facility

Zevi+Tamburini
Museo nazionale della Shoah
National Holocaust museum

BRAU Roccheggiani+Battistelli
Edificio residenziale Ex Umberto I
Residential Building Ex Umberto I

VIVERE BENE
LIVE WELL

Nel contesto urbano contemporaneo il Parco Tematico assume un ruolo determinante, in quanto capace di racchiudere al proprio interno quasi tutte le caratteristiche qualitative e funzionali oggi richieste alla città stessa, divenendo quasi urbs in urbe. Partendo dai tradizionali parchi verdi si giunge alla progettazione di parchi che spaziano dalla tecnologia alla cultura, fino ad arrivare all'intrattenimento ed allo sport. Ultimamente il know-how italiano si è specializzato nei parchi tecnologici, intesi anche come momento di costruzione urbana, diventando contemporaneamente momento di produzione, momento di svago, momento di cultura. Gli scenari urbani italiani offrono diverse occasioni di sperimentazione sullo spazio costruito, sia per quanto riguarda il recupero, anche non convenzionale, di strutture esistenti che si proiettano così verso un nuovo ciclo di vita, sia per quanto concerne il completamento del tessuto esistente tramite l'inserimento di nuova architettura all'interno di un contesto strutturato. Il ricco panorama di ricerche e proposte progettuali che si è composto negli ultimi anni consente di avviare una discussione sulla residenza urbana contemporanea, attraverso alcuni temi chiave: ruolo degli spazi collettivi, articolazione funzionale e tipologica, identità collettiva e dimensione individuale dello spazio abitativo, configurazioni e modi d'uso degli spazi interni all'alloggio.

The Thematic Park covers an essential role in the contemporary urban context as it succeeds in containing virtually all the features of quality and function presently required of a city itself, nearly becoming urbs in urbe (a city within the city). Starting from the traditional green ones, the new parks are designed with a range from technology to culture, reaching out to entertainment and sports. Italian know-how has recently specialized in technological parks, also intended as a chance for urban development, becoming at the same time a chance for production, a chance for amusement, a chance for culture. Italian urban scenarios provide several opportunities to experiment on the built space, both in terms of recovery - even non conventional - of existing facilities thus entering a new life cycle, and in terms of completing the existing urban fabric by inserting new architecture within a structured context. The rich outline of research and architectural proposals being assembled in the recent years allows the start of a debate on the contemporary town dwelling, through key themes as: the role of communal spaces, marked by function and type, joint identity and individual dimension of the habitat, layout and use of the spaces inside the dwelling.

STUDIO PERFORMA

Parco multifunzionale per lo sport e l'intrattenimento chiamato "Parco delle Stelle"
Multifunctional Sport & Entertainment Park called "Parco delle Stelle"

Sponsor/Sponsor Parco Delle Stelle **Cliente/Client** Parco delle Stelle SrL ; **Progetto/Design** Studio Performa A+U , (Archh. Nicola Marzot e. Luca Righetti Senior Partner, Arch. Luca Cergna collaborator); **Consulenti per le strutture e i servizi sportivi/Consultant for structure and sport facilities** Arup Italia and Arup International **Consulente progetto preliminare impianti/Consultant project phase: preliminary systems** Stain Engineering srl; **Luogo/Location** Bologna, Italy

Collocato all'interno di una porzione residuale di campagna, posta a Nord di Bologna, progressivamente erosa e trasformata dalla pervasiva diffusione del sistema della Grande Distribuzione Commerciale, il progetto evita deliberatamente di saturare ulteriormente il contesto con volumi isolati, al fine di ridurre l'impatto sul territorio e garantire la conservazione delle qualità ambientali tuttora presenti. Al fine di superare la tradizionale opposizione compositiva figura-sfondo, il progetto interpreta il paesaggio stesso come figura architettonica. In un prossimo futuro il progetto verrà così percepito come una collina che dolcemente si disperde nel paesaggio naturale. In funzione delle necessità funzionali, la "zolla" viene scavata così da identificare un sistema connettivo di cavità a cielo aperto complementari alle attività indoor.
Il progetto prevede la realizzazione di una nuova arena coperta di capienza superiore ai 15.000 spettatori per lo svolgimento di varie pratiche sportive al coperto e di eventi a carattere spettacolare di richiamo internazionale. L'arena è progettata secondo gli standard di ultima generazione che ne garantiscono la massima flessibilità consentendo diverse configurazioni del catino convertibili in tempi brevissimi per consentire il rapido susseguirsi di eventi nell'arco dell'anno.

Settled into a countryside leftover on the north side of the city, being progressively eroded and transformed since the '70 onward by the Commercial Great Distribution network, the design avoids to fill the area with isolated volumes, so limiting the building impact onto the landscape and emphasizing the still existing environmental qualities. To cross over a figure-ground relationship, the overall design strategy transform the ground itself into an architectural figure. As a consequence of the functional and dimensional requirements, the artificial "sod" is carved out at different level to obtain a system of streets, squares and courts, spatially integrated with the indoor functions. The proposal comprises a new 15.000 seat covered arena, capable to host different indoor sport activities and international events dealing with entertainment. Its design will be coherent with the ultimate technical requirements for European and international competition, to guarantee the maximum degree of flexibility, reaching a wide range of bowl configuration in a short time to respect a tight scheduled program.

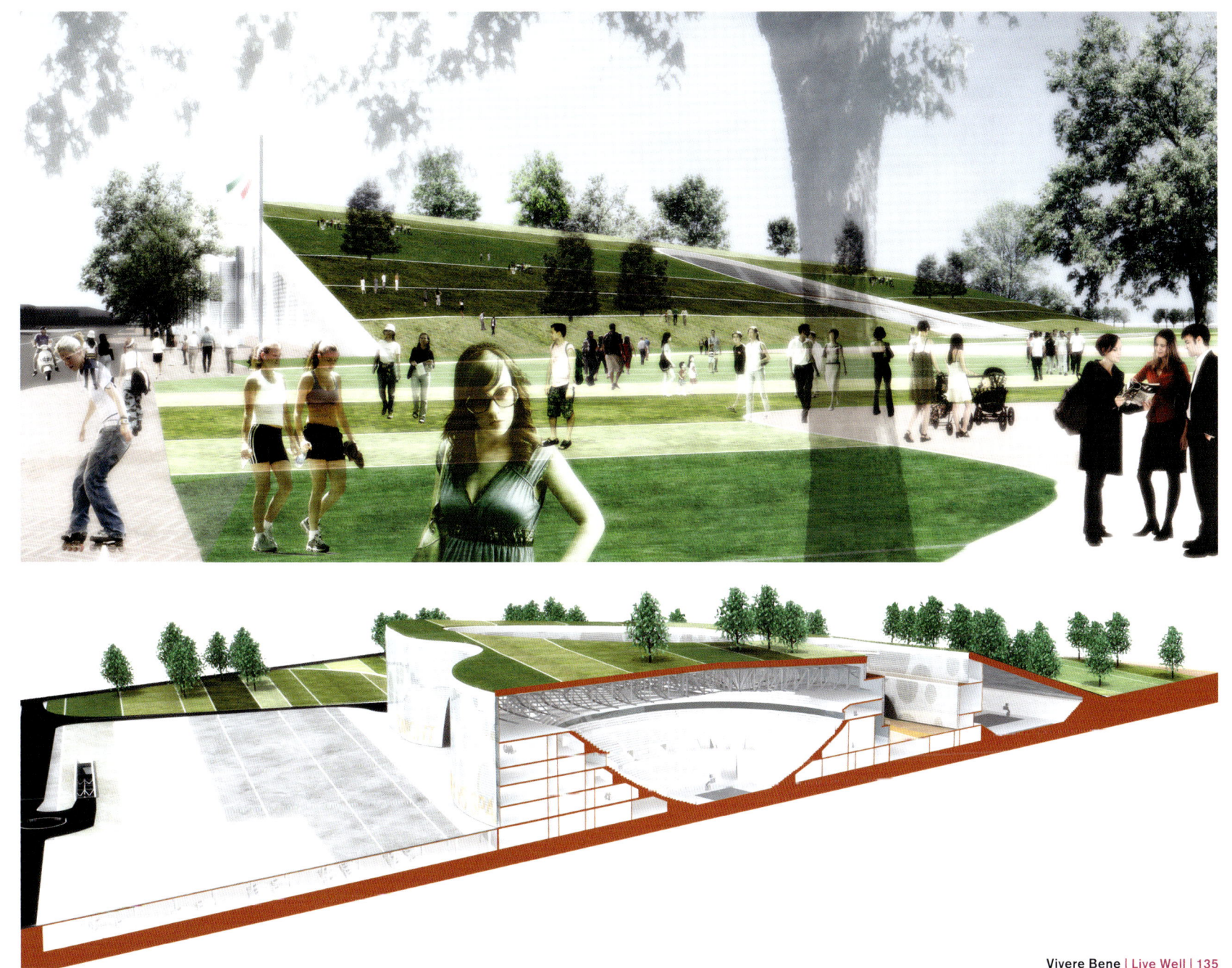

Vivere Bene | Live Well | 135

C. BENEDETTI
N. LANTSCHNER

Il Progetto Casaclima
The Casaclima / Klimahaus Project

Il Progetto CasaClima si inserisce in un contesto locale, volto a valorizzare il territorio dell'Alto Adige, e si propone come obiettivi la realizzazione di nuovi edifici e la ristrutturazione di edifici esistenti, garantendo bassi consumi energetici e la riduzione delle emissioni di CO_2 nell'ambiente. Tali obiettivi sono raggiungibili grazie ad una ferma volontà politica e ad una solida preparazione tecnica.
La preparazione tecnica ad alto livello è fornita dal Master universitario di II livello CasaClima, istituito presso la Libera Università di Bolzano, che si rivolge a laureati in Architettura ed Ingegneria. Il corso di specializzazione mira a fornire la possibilità di acquisire i mezzi necessari per una formazione progettuale specifica, incentrata sulla conoscenza del patrimonio naturale, verso un'architettura sostenibile, capace di rendere saldo il rapporto tra architettura, ambiente e clima. Oltre alla parte teorica, svolta da esperti a livello internazionale, sulle tematiche architettoniche ed impiantistiche inerenti la progettazione a basso consumo energetico, i professionisti-studenti hanno l'opportunità di confrontarsi con operatori del campo, grazie all'organizzazione di visite presso aziende operanti nell'edilizia sostenibile. Per ottenere la "Targhetta CasaClima", status symbol di sostenibilità, ogni edificio deve obbligatoriamente arrivare alla certificazione energetica secondo tre classi, in base al consumo di gasolio per riscaldamento: CasaClima GOLD, CasaClima A e CasaClima B. La certificazione è a cura dell'Agenzia CasaClima, società della

The CasaClima project is designed to fit the local circumstances and aims to valorise the South Tyrolean territory. Its specific goals are the realisation of new buildings and the restructuring of existing buildings by guaranteeing low energy consumptions and a reduction of CO_2 emissions. Those aims can be reached thanks to a firm political will and a solid technical foundation. A high level of technical know how is provided by the II level of the academic master CasaClima at the Free University of Bolzano, which is geared towards architecture and engineering graduates. This specialisation course aims at providing the opportunity to acquire the necessary tools for a specific training for construction planning, based on a conscious attitude to our natural heritage and aiming for a sustainable architecture, consolidating a healthy relationship between architecture, environment and the climate. In addition to the theoretical lessons by international experts on topics regarding installations and architectural aspects in the context of low energy consumption, the participants have the opportunity to get in contact with practitioners of this sector by visiting enterprises operating in the field of sustainable construction. In order to obtain the so called "Targhetta CasaClima" label, a status symbol for sustainability, each building needs to fulfil the requirements of a certification system consisting in three classifications, according to the gasoil consumption of the heating system: CasaClima GOLD, CasaClima A and CasaClima B. This classification is organised

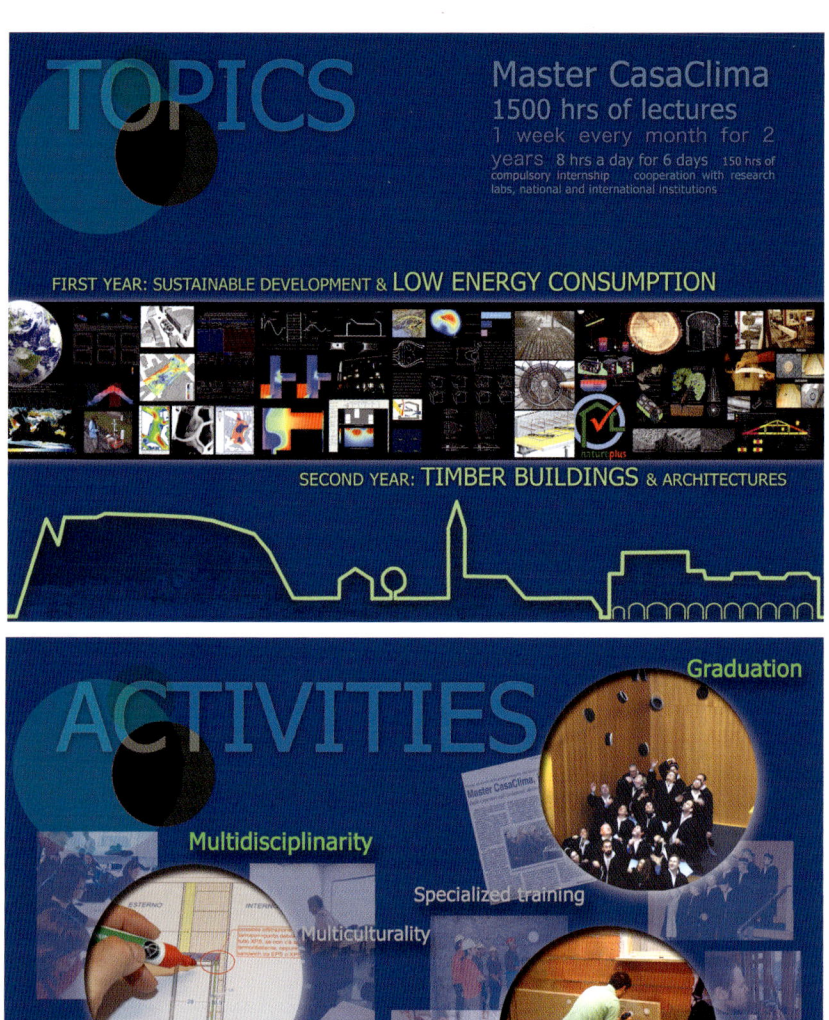

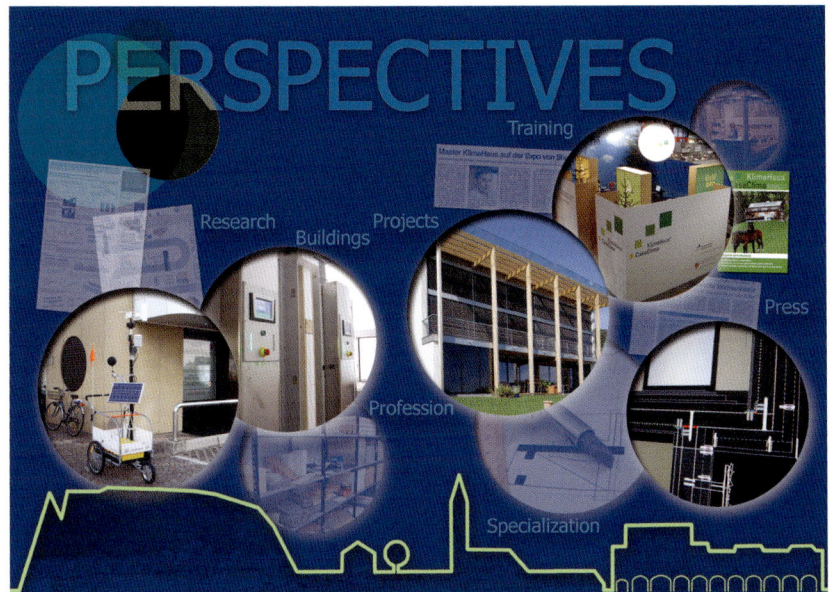

Provincia Autonoma di Bolzano, e prevede un iter che si sviluppa in fasi successive, che partono dalla verifica durante la progettazione, procedono con la verifica durante la realizzazione e si concludono con la verifica sul manufatto finito. Ogni anno, tra gli edifici che hanno ottenuto una targhetta CasaClima, sono assegnati i "Cubi d'oro CasaClima", riconoscimenti diretti alle migliori realizzazioni (edifici nuovi e ristrutturazioni di edifici esistenti), nell'ambito di differenti tipologie: abitazioni unifamiliari, condomini, edifici scolastici, edifici pubblici, uffici, aziende.
Il lavoro presentato mostra il percorso che dalla formazione di professionisti, in grado di coordinare tutti gli aspetti legati alla progettazione a basso consumo energetico, conduce alla realizzazione di costruzioni energicamente consapevoli.

by the Agenzia CasaClima agency, an association of the Autonomous Province of Bolzano; it includes three phases in which assessments take place, from the planning to the realisation and finally the examination of the completed construction. Each year, some of the buildings which obtained the CasaClima label are awarded with the so called "Cubi d'oro CasaClima" (golden CasaClima cubes), a direct recognition of the best projects (new buildings or reconstructed existing buildings), of each of the following categories: single-family houses, multi-family houses, school buildings, public buildings, offices, enterprises. The presented project illustrates the devolution from a training programme which enables professionals to acquire the necessary skills to coordinate all the various aspects regarding the planning of buildings with low energy consumption to the actual realisation of energetically sustainable constructions.

STUDIO GASPARRINI

Piano Urbanistico Attuativo per le aree di proprietà del gruppo Kuwait all'interno dell' "Ambito 13-ex raffineria" della Variante Generale al PRG di Napoli
Detailed Urban Plan for the areas owned by Kuwait Company within the "Ambito 13-ex raffineria" General variant to the Naples Master Plan

Cliente/Client KRC Kuwait Raffinazione E Chimica s.p.a.; **Progetto/Project** Carlo Gasparrini (studio Gasparrini) **Gruppo di lavoro/Team project** Massimo Lanzi, Eduardo Mignone, Paola D'Onofrio, Mirella Fiore, Cinzia Panneri; **Collaboratori/Collaborators** Rosa Alba Giannoccaro, Luigi Innammorato, Daniela Mello, Danilo Nappo, Alessia Sannolo, Anna Terracciano; Rodolfo Cipriani; invertimmagine.com (Marcello Parlati, Antonio Negrini); **Trasportisti e infrastrutture/Trasportation and infrastructural** IN.CO. SE.T. s.r.l.; **Strutturale/Struttural** Edin ingegneria s.r.l; **Fattibilità economico-finanziaria/Economic-financial feasibility** Ettore Cinque; **Idraulica/Hydraulic** Massimo Greco; **Aspetti Impiantistici ed energetici/Plants and power concerns** CDS ingegneria s.n.c.; **Luogo/Location** Napoli, Italy

Il piano interessa un'area di circa 100 ettari all'interno di un ambito di oltre 400 ettari individuato dal PRG ad est della stazione ferroviaria e del fascio di binari. La Variante Generale del PRG affida a tale area la riconfigurazione strategica di un ampio settore urbano all'interno del quale la riqualificazione e valorizzazione delle aree di proprietà Q8 costituisce, per posizione e dimensione il motore del più complessivo processo di trasformazione. In un'area in cui coesistono depositi petroliferi e del gas, industrie dismesse o ancora attive, tessuti residenziali e centri commerciali, il Piano definisce una strategia progressiva di trasformazione insediativa, paesaggistica ambientale centrata su alcune scelte strutturanti: il ripensamento del sistema dell'accessibilità su ferro e gomma ispirato a principi di sostenibilità; la realizzazione di un sistema stradale denso che diviene il motore principale per la costruzione del parco sulla base di una strategia di street-landscape; la scomposizione e ricomposizione insediativa dei lotti industriali basata sull'interazione tra il nuovo parco reticolare

The urban plan concerns an area extending on approximately 100 hectares within an area extending on more than 400 hectares east of the railway station and its beam tracks. The Master Plan General Variant assigns to this area a key role in the strategic reconfiguration of a wide urban sector, in which the areas owned by Q8, due to their position and dimension, are the engine of the complex transformation process. In an area in which oil and gas storage tanks, dismissed or still active industries, residential and shopping areas are located, the plan defines a progressive strategy of environmental, landscape, and settlement transformation centred on several structural choices: rethinking of the road and rail access system inspired by principles of sustainability; construction of a dense road system that has become the main motor behind the street-landscape strategy driving the construction of the park; the decomposition and recomposition of settlement in the industrial lots based on interaction between the new reticular park ("green corridor") and the modeling of

("cretto verde") e la modellazione del suolo delle parti edificabili (isolati polder): il ruolo centrale dell'acqua e del suo riciclaggio legato anche al controllo del livello di falda e alla sua bonifica; l'impulso dato all'impiego massiccio di energia rinnovabile sia nella gestione degli spazi aperti che nella costruzione dei nuovi edifici; la riformulazione delle procedure attuative basate sull'introduzione della perequazione urbanistica e sulla definizione di scenari attuativi progressivi.

the land in the built parts ("polder"); the central role of water and its recycling that is also connected with controlling and replenishing groundwater level; the impulse given to the massive amount of renewable energy used in both managing the open spaces and construction of new buildings; the reformulation of procedures implemented on the basis of introducing urban equalization and according to defined and progressively implemented scenarios.

Vivere Bene | Live Well | 143

OBR

Comparto residenziale Milanofiori
Milanofiori Residential Complex

Sponsor/Sponsor Giorgetti; **Luogo** Assago, Milano, Italy; **Committente/Client** Milanofiori 2000; S.r.l.; **Progetto/Design** OBR Open Building Research, Paolo Brescia e Tommaso Principi; **Design team/Design team** Paolo Brescia, Tommaso Principi, Chiara Pongiglione, François Doria, Paolo Salami, Giulia D'Ettorre, Julissa Gutarra, Margherita Menardo, Leonardo Mader, Francesco Vinci, Barbara Zuccarello; **Strutture/Structure** Favero & Milan Ingegneria; **Impianti/Map plants** StudioT.I. **Luogo/Location** Milano, Italy

Il progetto ricerca la simbiosi tra architettura e paesaggio affinché dalla sintesi di elementi artificiali e naturali si generino la qualità dell'abitare e il senso di appartenenza degli abitanti, verso un nuovo modello innovativo di sviluppo urbano sostenibile. Lo studio della facciata verso la strada è stato condotto per favorire il senso di appartenenza grazie alla composizione di frames che individuano distintamente le singole unità abitative, generando al contempo delle logge verso il lato strada. Questo interspazio è caratterizzato da una serie di elementi verticali scorrevoli a diversa densità, che possono assurgere di volta in volta a scuri totali o filtri parziali tra interno-esterno. Verso il parco si articola una facciata caratterizzata da una doppia vetrata che costituisce delle serre bioclimatiche con funzione di termoregolazione sia in estate sia in inverno. La complanarità tra il vetro della serra e quello del parapetto soprastante crea un effetto dove figura e sfondo invertono continuamente i propri ruoli, producendo caleidoscopici effetti dati dalla sovrapposizione della riflessione del giardino pubblico esterno con la trasparenza dei giardini privati interni. In linea con le mutazioni dei modi di abitare contemporaneo le Residenze Milanofiori sono abitazioni sensibili in perpetua evoluzione, un organismo che interagisce in virtù degli scambi dinamici tra uomo e ambiente.

Milanofiori Residential Complex seeks the symbiosis between architecture and landscape, in order to define the quality of living and sense of place trough the synthesis of artificial and natural elements.
The green house thus has a double sense: an environmental value for thermo regulation and an architectural value merging exterior and interior landscape, with a different use by the inhabitants from winter to summer.
Through the overlapping of different natural layers from the very public external park to the very private internal gardens in the green houses, the project researches a sort of natural fusion, where the interaction between the layers produces an intensive landscape that people can customize from their own houses.
The street facade is defined as a more opaque shell that encloses a precious content to be preserved. Along with the mutations in the contemporary way of living, Milanofiori residential complex is a natural system, an organism interacting through the exchanges between man and environment, creating sensitive living spaces in perpetual evolution.

Vivere Bene | Live Well | 147

De8 ARCHITETTI+ 2 ARCHITETTI

Grattacielo Pirelli, il Belvedere al 31° piano
Pirelli skyscraper, the 31° floor Belvedere

Sponsor/Sponsor Telmotor; **Cliente/**Client Regione Lombardia; **Progetto/**Project Mauro Piantelli (De8 architetti), Enrico Garbin (2 architetti); **Coordinamento/**Coordination infrastrutture lombarde; **Collaboratori/Colaborators** Cristian Sangaletti; **Strutture/Structural** S.C.E. snc: ing. Stefano De Cerchio; **Impianti/Mep plants** ing. Remo Massacesi, p.i. Dario Scandella; **Luogo/Location** Milano, Italy, 2006-2009

Il Belvedere - compimento del progetto Ponti aveva previsto il belvedere come dono alla cittadinanza di quello spazio sottratto al suolo dalla costruzione dell'edificio. La percezione del "grande cristallo" monolitico del grattacielo si smaterializza al livello del belvedere. L'edificio incontra il cielo attraverso la dissolvenza del belvedere. **Il Monumento Moderno** Il grattacielo Pirelli e' monumento moderno, determina l'assetto urbanistico dell'area in contrapposizione con la piazza della stazione, ma è pure l'apice dell'architettura italiana del dopoguerra. **Il Privilegio della Conoscenza** Ogni percorso progettuale prevede una fase di conoscenza : del tema , del committente, del luogo. Del monumento in questo caso; con assoluto rispetto e riverenza ci si avvicina al "Pirellone": il capolavoro di Gio Ponti appartiene alla città come simbolo più che come luogo urbano. Programmaticamente l'istituzione si apre alla cittadinanza, il grattacielo non è solo luogo amministrativo, diviene Bel – Vedere. **La Grande Navata** Al 31° piano i due "portali" strutturali (volutamente lasciati a vista disvelando la logica statica) e la luce esterna conferiscono allo spazio una sorta di "sacralità" . E' come trovarsi in una navata laica. Solo la presenza del nucleo tecnico interrompe la fluidità di questo luogo. **Il Nuovo Belvedere – il processo** Lo strumento da costruzione è la luce. Il

The Belvedere The realization of a "piazza alta" at the 31st floor of the Palazzo configure the original vision of Giò Ponti of a public viewing platform, a piazza in the sky. It was his way of giving back to the city the ground space stolen by the skyscraper's footprint. The building meets the sky at the Belvedere level and its crystal monolithic appearance dissolves. **Il Monumento Moderno** It is a modern monument, designed by Giò Ponti and Pier Luigi Nervi, and the result of the perfect balance between form and function. It defines the urban environment of the Central Station Square. **The privilege of knowledge** Each design process starts with from a knowledge phase: the topic, the client, the site. In this case also the monument and the architect. It has been a privilege to enter the building, to visit it, to walk through it, to feel it. **The Nave** The powerful concrete structure and the light gives the space a sacral aura. It is a sort of laic nave. The technical volume of the elevators' machines interferes in such a fluent site. **Belvedere - Design process** The design process is primarily a de-materialization process. The building material is light. The project generates from emotional feelings more than functional requirements. To reconfigure the unity of the nave the elevators' nucleus is wrapped by a glass skin reversing inside-out the total height glass façade.

progetto nasce da scelte emozionali prima che da richieste funzionali. Si è ri-creata la continuità della navata attraverso una nuova pelle, un "POD", che avvolge il nucleo tecnico in modo fluido. E' stata prevista la possibilità di utilizzare lo spazio per funzioni diversificate, da spazio espositivo e per conferenze ad auditorium, da spazio di rappresentanza a luogo urbano.

Scelte progettuali Il POD e' totalmente separato dalla struttura statica esistente; questa indipendenza, materica e formale, rende maggiormente percepibile il rigore dei portali strutturali, il loro disegno complesso ed elegante, la "massa muscolare" contrapposta ora alla fragilità della pelle vetrata. Il resto è Ponti. Nella scelte delle pavimentazioni in ceramica, nella riproposizione delle texture grafiche, nella lealtà delle scelte progettuali.

Belvedere - Functional program
The Belvedere is a public square to be exploited in a number of different ways. It serves as a space to stage itinerant exhibitions, conferences, concerts and so on. It also plays an institutional role as a venue for local government events and official meetings.

Belvedere - Design meanings Searching for lightness the POD is totally detached from the existing structure. Such material and formal independence exalts the muscular mass of the concrete structure and its static generated profiles in contrast with the fragile glass skin. Everything else refers to Giò Ponti's visions: on the ceramic flooring, on the textures, on the clarity of the design decisions.

ABDR

Nuovo Auditorium Parco della Musica di Firenze
The New Auditorium Parco della Musica in Florence

Sponsor/Sponsor Igit Fac; **Cliente/Client** SAC Società Appalti Costruzioni S.p.A. + IGIT S.p.A.; **Progetto/Project** Prof. Arch. Maria Laura Arlotti, Prof. Arch. Michele Beccu, Prof. Arch. Paolo Desideri, Prof. Arch. Filippo Raimondo; **Collaboratori/Collaborators** Arch. Maria Persichella (coordinamento operativo), Arch. Stefano Pieretti (coordinamento operativo), Arch. Livia Spanò, Arch. Massimo Barbera, Arch. Claudia Pagani, Arch. Angela Arnone, Arch. Camilla Calviello, Arch. Daria Dickmann, Arch. Cristina Greco (editing), Arch. Roberto Simeone (elaborazione grafica), Geom. Antonio Giglio, Arch. Angela De Vita, Arch. Alessandro Ciocci, Arch. Rocco Smaldone, Arch. Arianna Francioni, Arch. Alessia Piazza, Arch. Julia Forte, Arch. Cecilia Metella, Arch. Antonella Antonilli; **Strutture/Structural** TALINGEGNERIA srl, Prof. Ing Silvio Albanesi, Ing. Manuela Manenti, Ing. Tommaso Albanesi, Ing.Simone Senesi, Arch. Francesca Bertozzi; **Impianti/Mep plants** ENEC srl, ingegneria energetica e realizzazione impianti, Ing. Renato Tito, Ing. Danilo Cavaliere, Ing. Domenico del monaco, Ing. Simone Schowick; **Luogo/Location** Firenze, Italy, 2009-2011

L' intervento è chiamato a dare risposta a un programma funzionale e simbolico complesso, applicato a una parte della città, finora marginale, chiamata oggi ad ospitare importanti e prestigiose istituzioni pubbliche. L'insieme degli spazi e dei luoghi espressamente dedicati alla musica descrive un luogo di grande valore urbano e paesaggistico, un sistema di terrazze e di spazi aperti schiettamente "toscano", destinato a raccordarsi sul piano urbanistico, architettonico e visivo con l'immediato intorno costruito e con l'intera città di Firenze. Alla scala del contesto locale il nuovo progetto è pensato per realizzare un ampio complesso culturale di livello europeo, il parco della Musica e della Cultura appunto, all'interno del quale sono inseriti i volumi imponenti degli auditorium e dei servizi connessi con le importanti preesistenze (Leopolda) sino a costituire una nuova centralità urbana dedicata alle attività culturali e musicali. Un progetto che presenta un' imponente massività, stemperata dall' esistenza di una fitta rete di percorsi interni ed esterni, costituiti da rampe, terrazze e spazi racchiusi che, dimensionati a misura d'uomo, riportano il progetto alla conformità della scala

This intervention responds to a complex functional and symbolic programme, applied to a space in the city that, once marginal, is now called upon to host important and prestigious public functions. In short, not a building, but a complex of public spaces, terraces, gardens and volumes in which the city and its constructions gradually give way to the natural environment. The progressive transfiguration of the stones of the Medici to the natural world: the masses of differing shades of grey of our new volumes, our new terraces, of our public plazas define the forms of this process, gradually accompanying this dematerialization. The design conforms to principles of acoustics, visibility and set changing requirements, now universally accepted and responding to international standards of quality. An 1,800-seat opera theatre, a 1,000-seat concert hall and a large Cavea for outdoor performances, all related services, and the surprising complexity of the stage machinery: the fly tower, stage, workshops, orchestra pit, rehearsal rooms, ballet rooms, change rooms and storage areas.

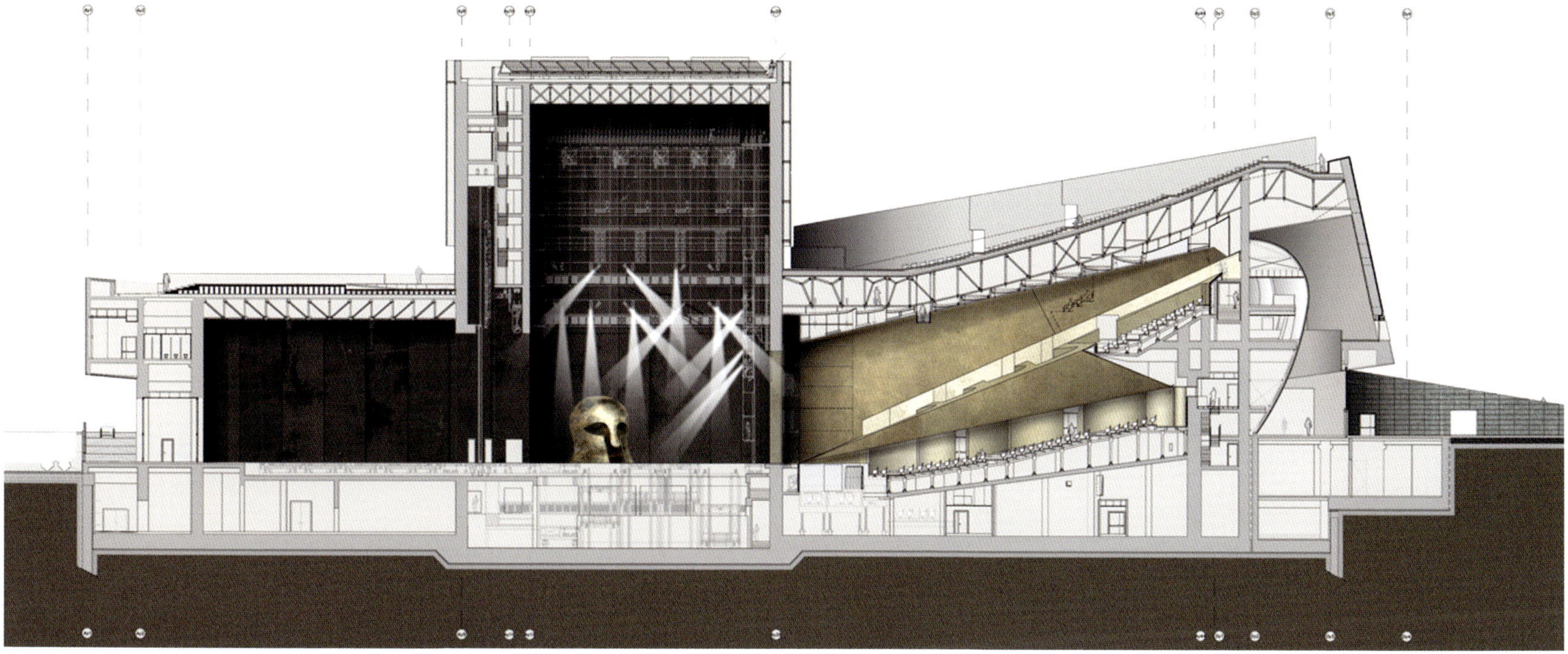

architettonica. Tutti gli spazi interni per il pubblico sono serviti dall'ampio foyer a cui si accede attraverso lo spazio sottostante la grande pensilina urbana o, provenendo dal Parco delle Cascine, attraverso la vetrata al di sotto del volume inclinato della sala grande.

Vivere Bene | Live Well | 153

SUDARCH

Parco della Memoria a San Giuliano di Puglia
Memory Park in S. Giuliano di Puglia

Sponsor/Sponsor ufficio soggetto attuatore; **Committente/Client** Regione Molise – Ufficio del Soggetto Attuatore Comune di San Giuliano di Puglia (CB); **Progetto/Project** Sudarch, Santo Marra (team leader), Pietro Latella, Luciana Polimeni, Nieves Mestre, Manuel Leira, Vincenzo Mantuano; **Collaboratori/Collaborators** Rosaria Brosio, Simona Fabbrini, Francesco Parlagreco, Viviana Tirella, Stefano Vazzana; **Fotografo/Photographer** Vincenzo Penna; **Impresa esecutrice/Building enterprise** DB Di Biase Costruzioni; **Luogo/Location** San Giuliano di Puglia (CB), Italy

Il Parco della Memoria è dedicato alle 30 vittime del tragico terremoto che colpì il Molise il 31 ottobre 2002 (un'insegnante e 27 bambini persero la vita nel crollo della scuola elementare Francesco Jovine a San Giuliano di Puglia mentre due donne morirono nella loro abitazione). Il Parco è realizzato nel luogo dove sorgeva la Scuola, al centro del paese oggi quasi interamente ricostruito.
Il progetto propone un'opera totale, dove spazio mentale e materico si sovrappongono all'area delle macerie: la fruizione è immersiva e, quindi, polisensoriale. L'utilizzo di sistemi costruttivi a basso impatto e il ricorso a principi di risparmio energetico cercano di creare ambienti e forme espressive a valenza personale e sociale:
1000 giunchi di altra natura, di altezza crescente, luminosi nelle estremità superiori, tracciano 15 percorsi di meditazione individuale che attraversano parallelamente il parco. I resti pavimentali della scuola, cristallizzati e sacralizzati per la commemorazione collettiva, interrompono i filari rappresentando il "vuoto incolmabile nella storia della comunità di San Giuliano di Puglia".

The Memory Park is dedicated to the 30 victims of the earthquake that struck Molise on 31th October 2002 (a teacher and 27 children died in the collapse of the "Francesco Jovine" primary school, while two women died at home).
The park is located on the site where the school was, in the center of the town, now almost totally rebuilt.
The project is a total work of art: mental and physical spaces overlap the debris. The use of the park is immersive and multysensory. Land art, landscape and lighting design are further project contents that, by an ethical use of innovative materials, try to create habitats and expressive forms in order to totally involve human psycosensory sphere, that like a sort of different nature, a particular form of habitat, offers chances to be lived at different levels, from the private to the social one: 1000 unusual plants ("juncus") that may get to a maximum of height of six meters, lighted up at the top, mark 15 paths of individual meditation, crossing parallel the Park surface. The Park's central area, where lie the ruins of the school, is crystallized and sanctified for the collective memory, breajing the rows and expressing the unbridgeable gap in the San Giuliano's community History.

Z_OO ARCHITECTURE. BUREAU

Everyday Urbanism
Everyday Urbanism

Sponsor/Sponsor Zumtobel S.R.L. Eurotherm (Rif. Carlo Lubrano); **Cliente/Client** 8+1 srl; **progetto/Project** (Z_OO architecture.bureau) Simona Siddi, Gianluca Voci, Luigi De Crescentis, Giuseppe Fimiani; **Luogo/Location** Baronissi-Salerno, Italy

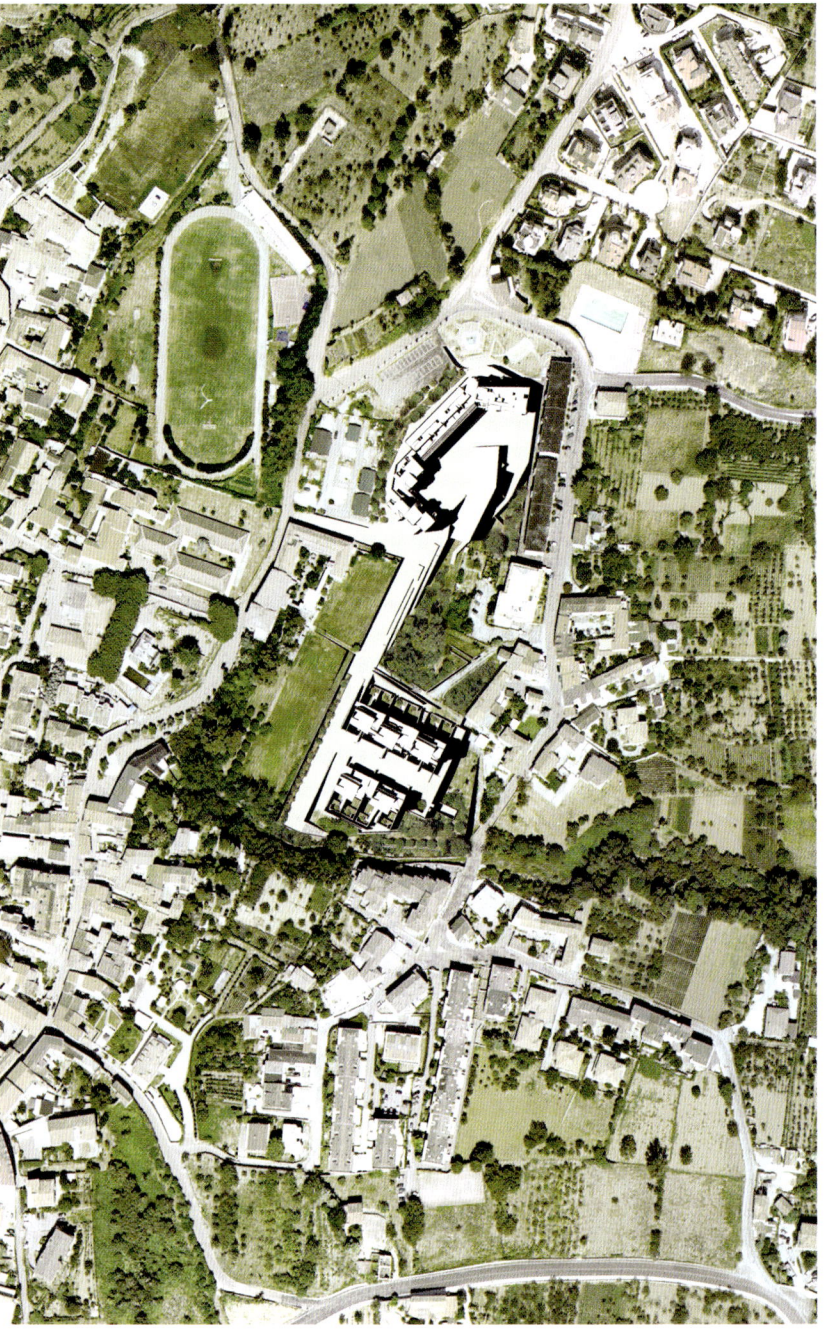

L'intervento prevede, attuando un Comparto di Trasformazione Urbana di tipo perequato caratterizzato da mixitè funzionale (residenziale, commerciale, terziario, etc.), la realizzazione di un "sistema delle qualità" capace di guidare le scelte progettuali, amministrative ed economiche. Il tutto al fine di realizzare un esperimento urbano: il primo quartiere energeticamente efficiente nel sud Italia (involucri in classe energetica A/B), capace di coniugare l'efficienza energetica con la sperimentazione architettonica. Il sistema partecipato (amministrazione pubblica, promotore privato, cittadini) avviato dal Master Plan di Z_00 architecture bureau per 8+1 srl, non solo ha permesso di operare scelte complesse e non sempre facilmente assimilabili dagli utenti finali, ma ha anche consentito di ricercare azioni progettuali capaci di riportare il progetto architettonico al centro delle scelte che sottendono la trasformazione urbana del territorio. Ciò ha permesso, anche attraverso lo studio di nuove forme del risiedere e di nuove sperimentazioni tipologiche, l'attuazione di interazioni propositive tra fattori climatici, ambientali ed involucri architettonici, delineando un intervento sostenibile nella sua interezza.

The project provides, carrying out an equalized plan of urban transformation characterized by a functional mix (residential, commercial, tertiary services, etc.), the realization of a "qualities system" that can guide the project, administrative and economic choices. Everything is to realize an urban experiment: the first quarter in the South of Italy efficient for what concern the energy (building category A/B) that combines the energy efficiency with the architectonic experimentation. The shared system (public administration, private promoter, citizens) started by master plan of Z_OO architecture.bureau for 8+1 srl, allowed to operate difficult choices and put the architectonic project in the centre of the choices that lead the urban transformation of the territory. In this way it eliminates the negative trend that gives to the technology the solution of the quality and efficiency problems. Furthermore, thanks also to the study of the new forms of living and new typological experimentations, we managed to put in practise propositional interactions between climatic and environmental elements and buildings and realize a sustainable project as a whole.

DOMENICO PERRONE

Presidio di riabilitazione funzionale
Functional rehabilitation facility

Sponsor/Sponsor O.S.M.A.I.R.M., Gyproc Saint-Gobain, Xilux, Medicalcalò, Snell Habitat, Pamar Ceramiche, Euroedil, Seberg Sud, Styla, Casalgrande Padana; **Cliente/**Client O.S.M.A.I.R.M. s.r.l.; **Progetto/**Project Arch. Domenico Perrone; **Collaboratori/**Collaborators Arch. Francesco Vitale, Arch. Maria Nunzia Monaco, Arch. Antonella Galli, Arch. Roberta Benedetto, Arch. Mirella Belmonte; **Ingegneria/**Engineering Ing. Paolo Magrini, Ing. Antonio Cillo, Ing. Eustacchio Leone, Ing. Giuseppe Carallo, Ing. Vitantonio Campanella; **Luogo/**Location Laterza (Ta), Italy, 2010

Il progetto, nasce dall'esigenza di adeguamento della struttura esistente alle sopravvenute normative in materia di edilizia sanitaria assistenziale. A partire dal 2006 fino al 2010, si è provveduto alla progettazione di tutta l'area interessata dall'intervento di lottizzazione, suddiviso in 4 lotti così articolati: **I lotto** completamente realizzato: 170 posti di riabilitazione funzionale; **II lotto** in corso di realizzazione: 100 posti di riabilitazione funzionale più 40 posti di residenze sanitarie assistenziali (R.S.A.); **III lotto** in fase di progettazione: hall, sala confenze, uffici, 60 posti di riabilitazione funzionale, 20 posti di R.S.A., 18 posti per cure palliative, 14 posti per struttura residenziale psichiatrica; **IV lotto** in fase di progettazione: albergo per disabili con piscina terapeutica, parco ricreativo, sala conferenze. Da progetto, è prevista la realizzazione di strutture per un totale di 106.355,50 mc di volume, 15.779,41 mq di superficie coperta, 10.736,97 mq di parcheggi, 27.000,62 mq di verde.

From 2006 up to 2010 the development planning of all the area concerned by the parcelling out divided in 4 lots: **I lot** completely realized: 170 beds for functional rehabilitation. **II lot** in progress: 100 beds for functional rehabilitation of people with a physical, mental and sensory disabilities and 40 beds in Residential Care Facilities (R.S.A.); **III lot** in progress: Hall, conference hall, offices, 60 beds for functional rehabilitation, 20 beds in R.S.A., 18 beds for palliative treatments, 14 beds for Residential Facilities for people suffering from psychiatric problems; **IV lot**: hotel for people with a physical disability, including a therapeutic swimming pool, a recreational area and a conference hall. According to the project, we expect the construction of facilities for a total volume of 106.355,50 m3 , a total surface of 15.779,41 m2 , 10.736,97 m2 of parking area, 27.000,62 m2 of green.

Il primo lotto, da noi presentato, si sviluppa su tre livelli articolati nel seguente modo: **area polifunzionale** al piano terra con tre nuclei degenza e sevizi generali quali: portineria, uffici amministrativi, sala polivalente, locali per il culto, camera mortuaria, depositi; **area degenza** al piano primo con le camere ed i relativi servizi: soggiorno, cucinetta, sala da pranzo, bagno assistito, servizi igienici; **area di servizio** al piano secondo con: terapie, palestre, spogliatoi personale, servizi igienici.

The first lot that we presents, is developed in three levels: **multifunctional area** at the groundfloor with hospitalization rooms and general services: lobby and reception; administrative offices, worship rooms; **hospitalization area** at the first floor with rooms and relative services: living-room, small kitchen, dining-room, toilets and aided bathrooms for disabled people, service areas; **service area** at the second floor with therapies, gyms, dressing rooms, toilets, storage areas.

Vivere Bene | Live Well | 159

ZEVI+TAMBURINI

Museo nazionale della Shoah
National Holocaust museum

Cliente/Client Comune di Roma; **Progetto/Project** arch. Luca Zevi, arch. Giorgio Tamburini; **Collaboratori/Collaborators** arch. Massimo Galletta, arch. Michela Assi, arch. Manuela Fedeli; **Strutture/Structural** Ingeco s.r.l.; **Impianti/Mep plants** Manens Intertecnica s.r.l.; **Luogo/Location** Roma, Italy, 2009

1. Il luogo Il Museo sorgerà in un lotto confinante con Villa Torlonia che, a seguito di un lavoro di restauro pluridecennale, è diventata un Parco Museale destinato a testimoniare l'attività creatrice sviluppatasi nella città di Roma dall'epoca classica fino alla Scuola Romana di arte figurativa degli anni '30 e '40 del secolo passato.

2. Un percorso per tutti Il percorso di accesso e di visita al Museo sarà rigorosamente destinato a tutti, senza distinzioni fra soggetti abili e diversamente abili, anziani e bambini, uomini e donne: dove la Shoah rappresenta la volontà estrema di eliminare qualunque diversità, il Museo della Shoah deve favorire il confronto e lo scambio fra diversi, creando un cammino di visita condiviso da tutti. Il dislivello fra Villa Torlonia e l'ingresso del Museo sarà dunque colmato dal percorso dei giusti, che starà a ricordare che se è vero che nell'Italia fascista vi furono complicità criminali e, soprattutto, indifferenze colpevoli di fronte ai crimini nazisti, è altresì vero che vi furono luminose manifestazioni di solidarietà, a rischio della vita, soprattutto da parte di persone semplici, che salvarono molte vite umane e che costituiscono uno straordinario esempio per le nuove generazioni. Una volta entrati nel Museo, si raggiungerà subito il livello più elevato, dal quale un percorso in discesa articolato, anch'esso rigorosamente destinato a tutti, accompagnerà il racconto storico che dall'antigiudaismo tradizionale conduce all'affermazione dei totalitarismi, alla legislazione antiebraica, alla deporta-

1. The location The National Holocaust Museum in Rome will be built on a lot adjoining Villa Torlonia. Following a restoration programme lasting many decades this area has now become a Museum Park illustrating the creative activities based in the city of Rome from Classical times to the Roman School of Art in the 1930s and '40s.

2. A path for all The ramps leading into and running through the Museum will be accessible for everyone, whether visitors are able-bodied or disabled, old or young, men or women. Since the Holocaust represents the extreme drive to eliminate all traces of differences between humans, this Museum must encourage dialogue and exchange between people who are different, created along a path that is mutually shared by all visitors. The difference in height between Villa Torlonia and the Museum entrance will be bridged by the path of the just. This reminds us that while there were criminal collaborators in fascist Italy, and above all people who showed guilty indifference to Nazi crimes, it is equally true that there were the shining examples, people who risked everything in the name of solidarity, simple people who saved many lives and who provide an extraordinary role model for the younger generations.
One enters the Museum at its highest point. From here a gently sloping ramp, naturally accessible to everyone, will guide visitors on a downward path through the historical narrative. This descent will show how traditional anti-Semitism led

zione, fino a raggiungere il baratro rappresentato dal luogo simbolo dello sterminio, il campo di Auschwitz-Birkenau, la cui morfologia verrà restituita da un plastico filologico frutto di decenni di ricerche.

3. L'impatto urbano Due volumi principali comporranno il Museo: provenendo da Villa Torlonia, si vedrà subito un corpo edilizio in laterizi, dall'andamento planimetrico frastagliato e rastremato verso l'alto: un'allusione ai camini dai quali fuoriuscivano come fumo i corpi carbonizzati. Accanto a esso, una scatola nera sospesa sulle nostre teste, a indicare che non si racconta una storia conclusa, se è vero come è vero che intolleranze e sopraffazioni popolano ancora drammaticamente il nostro mondo. I mattoni con i quali sarà costruita questa scatola nera saranno i nomi delle vittime italiane della Shoah, a promuovere una politica di accoglienza che sola può consentire, a quanti sono oggetto di discriminazioni ai nostri giorni, di non conoscere un destino tragico come quello di coloro che saranno ricordati nel Museo Nazionale della Shoah.

to the affirmation of totalitarianism, racial laws against Jews and deportations, until the visitor reaches the depths of the final destination: the symbolic location of mass extermination, Auschwitz-Birkenau concentration camp, recreated in a philological plastic model based on decades of research.

3. The urban impact The Museum will comprise two main structures. Coming from Villa Torlonia, one first sees an asymmetrical, crenulated brick-built building tapering upwards in an allusion to the chimneys belching smoke produced by the burning bodies of Holocaust victims. Towering overhead next to it is a black box, reminding visitors that this story is not yet over - because we can still see dramatic examples of intolerance, bullying and abuse of power in today's world. This black box is built out of bricks inscribed with the names of the Italian victims of the Holocaust. The aim is to promote a receptive attitude towards those discriminated against in our times, the only way to avoid a tragic fate like that suffered by those remembered in the National Holocaust Museum in Rome.

BRAU BATTISTELLI+ROCCHEGGIANI

Edificio residenziale Ex Umberto I
Residential building Ex Umberto I

Cliente/Client Santarelli Costruzioni S.p.A.; **Progetto/Project** Arch. Sergio Roccheggiani, Arch. Marco Battistelli; **Collaboratori/Collaborators** Ing. Paolo Pelosi, Arch. Daniela Belelli, Arch. Stefano Duranti, Arch. Laura Moretti, Arch. Stefano Gabrielli, Arch. Diego Pagano, Arch. Federico Martini; **Luogo/Location** Ancona, Italy, 2007-2010

Il progetto prevede la realizzazione di due corpi principali, a sviluppo longitudinale, che scaturiscono dalla scissione di un blocco monolitico sottoposto ad un duplice magnetismo; quello che si confronta con l'ambiente urbano, individuato nella presenza della città stessa e dei vecchi padiglioni esistenti, e quello scaturito dall'ambiente naturale, per la presenza del Parco del Cardeto. La presenza imponente dei padiglioni, realizzati in muratura e totalmente privi di qualsiasi tipo di aggetto, ha influenzato ed ispirato la soluzione architettonica e tecnologica del prospetto a valle, fronte-strada. Infatti tale prospetto ripropone la complanarità e l'omogeneità della facciata in mattoni con la quale si rapporta; omogeneità che, oltre ad essere architettonica, risulta anche materica, nell'impiego di elementi frangisole in materiale lapideo (cotto). Un'omogeneità che in realtà, ed è qui che ritroviamo il gioco del mutuo rapporto e contrasto, cela la presenza di ampi spazi esterni vivibili e fruibili (terrazze). L'altra presenza importante con la quale confrontarsi era la natura, nello specifico il Parco del Cardeto, nella parte verso monte, diametralmente opposta ai vecchi padiglioni. Per questo motivo, anche la soluzione finale del prospetto verso monte risulta diametralmente opposta alla precedente. Un dialogo con la natura instaurato anche attraverso l'impiego di materiali naturali, come il legno.

The project saw the planning of two main longitudinal buildings, on a site area of 4000 square meters with 75 units for a total of 6200 square meters, branching out from a monolithic unity, which undergoes on one side to the hauling of the urban landscape - the city itself, as well as the nearby former hospital pavilions - and on the other, the presence of the Cardeto Park. The presence of the nearby pavilions, with their imposing plain brick surfaces, has inspired the downhill prospect as far as the architectural solutions and the technologies used are concerned. The use of brisesoleil and terracotta on this side of the complex's facade relates to the simple brick structures of the pavilions. Within the dialogue of similarities, the opposition here lies on the presence of spacious outdoor spaces - the terraces.
Here, the chosen solution was to relate to the natural spaciousness with similar architectural elements of space and and slenderness, in order to reintegrate the relationship between the internal and external partially negated on the opposite side. Here as well, the choice of material reflects the dialogue; in this instance choosing wood.

CONCORSO ONLINE
ROAD MAP DELLA SETA

L'OICE crede fermamente nella cooperazione, nella competizione virtuosa e nelle potenzialità della creatività, della progettazione e della tecnologia italiana. Una convinzione che si traduce in iniziative ed eventi che, in occasione dell'Expo di Shanghai, si concretizzano in un Concorso online e una Mostra: eccezionali opportunità per professionisti e studenti (italiani e cinesi) di proporre idee-progetto innovative per lo sviluppo di collaborazioni, investimenti e sinergie internazionali. Oltre al Primo Premio di 10.000 Euro che sarà assegnato al vincitore e ai voli andata-ritorno per Shanghai offerti ad un massimo di 5 Menzioni d'Onore, le prime 10 proposte classificate saranno esposte all'interno della Mostra "Alto Design - Alta Tecnologia", che si terrà presso l'Expo di Shanghai 2010. Le idee-progetto diventeranno parte integrante del percorso espositivo e saranno inserite nel contesto di una grande mappa tridimensionale lunga oltre 15 metri che unisce simbolicamente l'Italia alla Cina, costituendo una partecipazione originata in maniera democratica; un'occasione e una vetrina uniche per proporre sfide ambiziose ad Istituzioni, organizzazioni, imprenditori, media e ai milioni di visitatori dell'Expo.

Il concorso invita dunque i partecipanti a elaborare idee-progetto innovative, materiali o immateriali, per recuperare, reinterpretare, attualizzare e, se possibile, riconfigurare nell'immaginario collettivo la "Via della Seta" (a breve Patrimonio dell'Umanità dall'UNESCO). La Via della Seta è una straordinaria rete di percorsi commerciali, culturali e religiosi lunga circa 15.000 km. Per oltre 2000 anni costituì l'unico collegamento tra le civiltà dell'est e dell'ovest, dall'antica città di Xi'an, centro di produzione della seta, arrivava in Italia attraversando Cina, Russia, Kazakistan, Tajikistan, Kyrgystan, Uzbekistan, Turkmenistan, Afganistan, Iran, Iraq, Armenia, Siria, Turchia, Grecia, Egitto. Nel 1877 il geografo e barone tedesco, Ferdinand von Richthofen, usò per primo il termine Via della Seta (Seidenstrasse), per indicare il fuso di collegamenti tra oriente e occidente con i due percorsi principali costituiti dalla rotta sud e da quella nord, oltre ovviamente alle vie marittime, che toccava città storiche come Wuwei, Anxi (prima biforcazione), Kashgar, Kokand, Samarcanda, Teheran, Bagdad, Palmira (seconda biforcazione), da un lato verso Damasco, Gaza, Il Cairo, Alessandria e, dall'altro, verso Aleppo, Antiochia, Angora, Izmir, Istanbul, Atene, per ricongiungersi via mare a Roma e Venezia.

Infinite sono le fonti, le ricostruzioni storiche e le mappe che tentano di tracciare i tragitti delle carovane nelle diverse epoche, tutte potranno costituire fonte di ispirazione ed elaborazione per i partecipanti; così come ulteriori preziose suggestioni si potranno individuare nelle storie, nelle leggende, nei disegni e nei diari di viaggiatori, esploratori, commercianti, religiosi, scienziati e artisti come Marco Polo, Padre Matteo Ricci, Giovanni Caboto, Flavio Gioia, Giovanni da Verrazzano o Giuseppe Castiglione. Ulteriori tracce per rispondere adeguatamente alle ambizioni del concorso sono ovviamente fornite dalla bellezza e dalla varietà dei paesaggi in continua mutazione (cime innevate, altopiani, laghi, pianure, steppe, fiumi, deserti, oasi, coltivazioni…) e dalle straordinarie testimonianze lasciate dall'uomo attraverso luoghi ricchi di storia, di cultura e talvolta anche di mistero (città carovaniere, insediamenti rupestri, palazzi, torri, fortezze, monumenti, santuari, moschee, chiese…).

Entro il 2025, inoltre, la Cina ha annunciato una rete di treni superveloci, passeggeri e merci, che collegherà in 3-4 giorni l'Estremo Oriente all'Asia centrale e all'Europa. I container, per arrivare via terra da Amburgo a Shanghai, potrebbero impiegare meno di 48 ore rendendo obsoleto il trasporto marittimo. Il plurimiliardario piano di sviluppo cinese punta a realizzare la più estesa rete di supertreni al mondo collegando in tempi sbalorditivi le capitali euroasiatiche. Una trama di 40.000 km di nuovi binari di ultima generazione attraverserà ben 17 Paesi con nuove stazioni, nodi intermodali e agglomerati urbani. La Cina fornirà tecnologia, attrezzature e convogli di ultima generazione da 350 km all'ora; i costi di costruzione, per i Paesi che lo riterranno più conveniente, saranno compensati con energia e materie prime. Secondo il governo cinese, in meno di vent'anni, si potrà viaggiare, in convogli ad alta velocità dotati di tutte le tecnologie wireless, da Singapore a Lisbona. Il network ferroviario del secolo, che promette di spostare sempre più verso l'Estremo Oriente gli equilibri economici e geopolitici, ha già ottenuto l'interesse e l'accordo di moltissimi Paesi. L'alta velocità euroasiatica punta soprattutto al traffico delle merci, alla nascita di nuovi poli industriali e allo scambio di risorse naturali preziose. Si renderà in questo modo conveniente lo sviluppo di immensi bacini minerali sotto il Baltico, nell'Europa orientale e in Asia centrale. La romantica Via della Seta si trasformerà nella nuova via ferroviaria del gas, del petrolio e dei metalli essenziali per le nuove tecnologie. Centinaia di milioni di persone potrebbero decidere di trasferirsi a Ovest, in aree oggi spopolate ma ricchissime di risorse, fondando nuove metropoli.

Nell'elaborazione dell'idea-progetto ai partecipanti è data ampia libertà di scelta, oltre che del sito, lungo il fuso di strade che collegavano la Cina all'Italia, anche del programma funzionale ritenuto più appropriato; saranno valutate con attenzione anche proposte immateriali, digitali, interattive, concettuali, effimere, senza luogo specifico o adattabili a luoghi multipli.

SILK ROAD MAP ONLINE COMPETITION

OICE strongly believes in cooperation, virtuous competition and the potential of Italian creativity, design and technology. Throughout the years this conviction has translated into initiatives and events that, in occasion of the Expo Shanghai are rendered tangible in an online Competition and successive Exhibition: an exceptional opportunity for professionals and students (Italian and Chinese) to propose innovative ideas-projects focused on the development of international collaborations, investments and synergies. In addition to the First Prize Award of 10,000.00 Euros, to be assigned to the winning project and return airfare to Shanghai offered to a maximum of 5 Honourable Mentions, the top 10 proposals will be presented as part of the Exhibition "High Design - High Technology", at Expo Shanghai 2010. The ideas-projects, will become an integral part of the exhibition, inserted within a large three-dimensional map, measuring over 15 meters in length, symbolically uniting Italy and China, and constituting a form of participation with democratic origins; a unique opportunity and occasion to present ambitious challenges to Institutions, organisations, entrepreneurs, media and the Expo's millions of expected visitors. The competition invites participants to develop innovative ideas-projects, material or immaterial, for the recovery, reinterpretation, updating and, if possible, reconfiguration of the collective image of the "Silk Road" (soon to become a UNESCO World Heritage Site). The Silk Road is an extraordinary network of commercial, cultural and religious paths measuring some 15,000 km in length. For over 2,000 years it constituted the only connection between Eastern and Western civilisations. From the ancient city of Xi'an, the heart of silk production, it arrived in Italy passing through China, Russia, Kazakhstan, Tajikistan, Kyrgyzstan, Turkmenistan, Afghanistan, Iran, Iraq, Armenia, Syria, Turkey, Greece and Egypt. The German geographer and baron Ferninand von Richthofen used the term Silk Road (Seidenstrasse) in 1877 to indicate the fusion of connections between East and West, with two primary southern and northern paths, obviously in addition to maritime routes, that included such historic cities as Wuwei, Anxi (first bifurcation), Kashgar, Kokand, Samarkand, Teheran, Baghdad, Palmira (second bifurcation), on the one side towards Damascus, Gaza, Cairo, Alexandria and, on the other, towards Aleppo, Antioch, Angora, Izmir, Istanbul and Athens, connected by sea with Rome and Venice.

An infinite number of sources, historical reconstructions and maps attempt to trace the routes of caravans during different eras; all of these documents may represent sources of inspiration for the elaboration of submissions; together with other precious suggestions found in stories, legends and the drawings and diaries of travellers, explorers, traders, religious men, scientists and artists, such as Marco Polo, Father Matteo Ricci, John Cabot, Flavio Gioia, Giovanni da Verrazzano or Giuseppe Castiglione. Other elements for correctly responding to the ambitions of the competition are obviously supplied by the beauty and variety of the landscapes in continuous mutation (snow covered peaks, plateaus, lakes, planes, steppes, rivers, deserts, oases, cultivations, etc.) and the extraordinary evidence left by man in sites rich with history, culture and often mystery (caravan cities, cave settlements, palaces, towers, fortresses, monuments, sanctuaries, mosques, churches, etc). What is more, by the year 2025, China has announced that it will complete a network of superfast passenger and goods trains that will connect the Far East with Central Asia and Europe in 3-4 days. This will make it possible to ship containers overland from Hamburg to Shanghai in less than 48 hours, rendering maritime transport obsolete. The multi-billion dollar plan for Chinese development is focused on the creation of the most extensive network of superfast trains in the world, connecting Eurasian capitals, in previously unimaginable periods of time. A network of 40,000 km of the latest generation of new rail lines will cross no less than 17 countries, with new stations, intermodal nodes and urban agglomerates. China will provide the technology, equipment and the most modern trains, capable of travelling at seeds of up to 350 km/h; the costs of construction, for those countries that wish to participate, will be offset by energy and primary materials. According to the Chinese Government, in less than twenty years it will be possible to travel, in high-speed trains fitted with wireless technologies, from Singapore to Lisbon. The rail network of the century, which promises to favour a progressive shift of economic and geopolitical equilibriums towards the Far East has already obtained interest and acceptance in many countries. The new Eurasian high-speed rail line is focused above all on goods transport, the creation of new industrial centres and the exchange of precious natural resources. The project will render the development of the immense mineral deposits under the Baltic, in Eastern Europe and Central Asia more convenient. The romantic Silk Road will thus be transformed into a new highway of natural gas, oil and other materials essential to new technologies. Hundreds of millions of people will be able to decide to move East, to currently depopulated areas, though rich with resources, to found new metropolises. The development of the ideas-projects is open in terms of the selection of the site, anywhere along the network of roads connecting China and Italy, as well as in the choice of the most opportune functional programme; the jury will also evaluate immaterial, digital, interactive, conceptual and ephemeral submissions, without a specific site or adaptable to multiple sites.

NEW ITALIAN BLOOD

LA ROAD MAP DELLA SETA PER L'UNESCO

THE SILK ROAD MAP FOR UNESCO

di/by Luigi centola

Grazie allo straordinario impegno dei partecipanti e all'autorevolezza della giuria italo-cinese, il concorso internazionale online Silk Road Map, com'era nelle aspettative dell'Oice e di Newitalianblood.com, ha rivelato e reso attuali una serie di suggestioni sulle tracce dell'antica Via della Seta. Attraverso progetti realizzabili e proposte visionarie offriamo un contributo culturale significativo sia per concretizzare la candidatura come Patrimonio dell'Umanità del primo sito UNESCO transnazionale che per riconfigurare nell'immaginario collettivo la Seidenstrasse, codificata per la prima volta nel 1877 dal geografo tedesco Ferdinand von Richthofen. La rete dei 15.000 km di percorsi commerciali, paesaggistici, culturali e religiosi che, attraversando tre continenti, unisce oriente e occidente, propone eccezionali potenzialità, materiali e immateriali, che aggiunte alle nuove opportunità ispirate dalla geo-politica, dall'economia, dall'energia e dall'ecologia estendono nel tempo e nello spazio il mito oramai bimillenario della Via della Seta.
In estrema sintesi i partecipanti hanno reagito al bando secondo cinque approcci:
TERRITORIALE conoscere, recuperare, rivalutare e promuovere gli straordinari patrimoni culturali, archeologici, monumentali e paesaggistici presenti lungo il tracciato.
GLOBALE utilizzare elementi-prototipi, artificiali o naturali, che, attraverso riferimenti più o meno espliciti alla seta, ne divengono un simbolo contemporaneo identificabile.
RETIFORME incentivare nuove connessioni, network, interazioni e sviluppi, fisici o digitali, tra oriente e occidente, tra le varie nazioni e le diverse città lungo l'antico percorso.
GEOGRAFICO disegnare, in aggiunta alle innumerevoli mappe prodotte finora, nuove mappe tematiche per sviluppare fruizioni aggiuntive delle città e del network.
ARCHITETTONICO progettare ex novo o recuperare e integrare edifici, quartieri, oasi, città, metropoli o megalopoli.
Come sempre le proposte più interessanti sono quelle che sfuggono a catalogazioni precise rispondendo trasversalmente a più suggestioni e offrendo letture angolate e complesse. Ci ha particolarmente incuriosito la storia di una signora di Orgosolo, piccolo paese della Barbagia, alla quale un centro per il lavoro aveva segnalato il bando in quanto ultima discendente di una famiglia che da generazioni realizza gli abiti in seta per le processioni sacre del borgo sardo. Ogni stagione la signora alleva in una stanza della sua casa i bachi razza Orgosolo che la madre, la nonna e la bisnonna le hanno trasmesso per produrre le vesti e i cappucci tipici che vengono tinti con lo zafferano. L'allevamento dei

Thanks to the extraordinary efforts of its participants, and the prestige of the Italian-Chinese jury, the international on-line competition Silk Road Map, as per the expectations of Oice and Newitalianblood.com, has revealed and rendered current a host of suggestions related to the historic Silk Road. Realistic projects and visionary proposals offer a significant cultural contribution to reinforcing the candidacy as a World Heritage Site of the first trans-national UNESCO site, as well as to the reconfiguration, within the common imagination, of the idea of the Seidenstrasse, codified for the first time in 1877 by the German geographer Ferdinand von Richthofen. This network of over 15,000 km of commercial, landscape, cultural and religious paths that, crossing three continents, unites East and West, offers exceptional potentials, both material and immaterial that, added to the new opportunities inspired by geo-politics, economy, energy and ecology, extend the now bimillenary history of the Silk Road through both time and space. In extreme synthesis, participants responded to the brief based on the five following approaches:
TERRITORIAL studying, recovering, re-evaluating and promoting the extraordinary cultural, archaeological, monumental and landscape heritage present along the Silk Road.
GLOBAL the utilization of artificial and natural elements-prototypes that, through more or less explicit references to silk, become an identifiable contemporary symbol.
RETIFORM stimulating new connections, networks, interactions and developments, either physical or digital, between East and West, between the various nations and cities located along this ancient path. **GEOGRAPHIC** designing, in addition to the countless maps produced to date, new thematic maps intended to develop the additional fruition of cities and networks. **ARCHITECTURAL** ex-novo designs, renovations and integrations of buildings, neighbourhoods, oases, cities, metropolises or megalopolises. As always, the most interesting proposals are those that escape precise cataloguing by transversally responding to multiple suggestions, and offering oblique and complex readings. We were particularly intrigued by the story of a woman from Orgosolo, a small town in Barbagia (inner Sardinia), who was informed about the competition by a local work centre: she is the last descendant of a family that, for generations, has sewn the silk clothing used for sacred processions in this small Sardinian village. Each season, in a room in her home, she raises the Orgosolo silkworms that her mother, grandmother and great grandmother have passed down to produce typical clothing and hats that are coloured using saffron.

bachi, la cura delle piante di gelso, l'abilità di lavorare al telaio e la passione giocano un ruolo determinante non soltanto per conservare le tradizioni e la cultura di un paese ma anche per definire esempi attuali e replicabili di sostenibilità. Un messaggio sorprendentemente contemporaneo che partendo dalla seta unisce, assecondando i cicli naturali, l'uomo, il lavoro e il rispetto dell'ambiente superando consumismo e conformismo.Cosa avremmo voluto vedere e che invece appare sviluppato soltanto parzialmente?
Sarebbe stato interessante disegnare, anche approfittando dei nuovi strumenti tecnologici, una MAPPA CONCETTUALE DEFINITIVA per innescare la riflessione su una mappa delle mappe, interattiva, inclusiva, utile ad esempio anche per la fruizione turistica a distanza, in situ, in realtà aumentata.
Se invece pensiamo al difficile stato in cui versa oggi la democrazia in alcune delle nazioni attraversate dalla via della seta, speravamo in denunce forti e circostanziate a cui far seguire accurate PROPOSTE SOCIALI E POLITICHE contro la pena di morte o la mancanza di trasparenza; per l'informazione e la libertà negata da taluni governi; in favore della condanna di quei paesi in guerra per l'acqua, il petrolio o le materie prime; per trovare soluzioni all'inquinamento dell'ambiente e all'incuria dei beni culturali; in direzione di alternative sostenibili al nucleare o condizioni di lavoro più umane; tutti temi che avrebbero potuto originare progetti-inchiesta scomodi e controversi.
In conclusione, una nota sui vantaggi della procedura online che da oltre 10 anni Newitalianblood.com utilizza per la gestione dei concorsi e che i partecipanti sembrano gradire sempre di più. Come d'abitudine, in coincidenza con l'annuncio del vincitore, tutti i progetti vengono esposti in mostra. Da quel momento inizia la parte più interessante con l'apertura del dialogo e del dibattito tra i partecipanti, i critici, gli esperti e i semplici curiosi. In segno di completa trasparenza, si può analizzare anche la classifica completa con le preferenze assegnate dai giurati, Per alimentare ulteriormente il dibattito, accanto al vincitore e ai premiati dalla giuria, presentiamo, a Roma e Shanghai, una selezione di progetti altrettanto originali e meritevoli. Come sempre chiudiamo con un ringraziamento a tutti i partecipanti e un arrivederci al prossimo concorso newitalianblood.com, per il recupero di un bene confiscato alla mafia.

Sericulture, the care of the mulberry bushes, the ability to work the loom and passion all play a determinant role, not only in conserving a country's traditions and culture, but also in defining current and replicable examples of sustainability. A surprising contemporary message that, beginning with silk, unites man, labour and respect for the environment by confirming natural cycles, and overcoming consumerism and conformism. Are there things we would have liked to have seen and which only appears partially developed?
It would have been interesting to design, even by taking advantage of new technological instruments, a DEFINITIVE CONCEPTUAL MAP to be used to trigger reflections on a map of maps: interactive, inclusive, useful to the development of different forms of tourism: at a distance (on-line), in-situ or even augmented reality.
Moreover, in light of the difficult conditions faced by democracy today in a number of the nations crossed by the Silk Road, we had hoped for strong and supported criticisms to be followed up with accurate SOCIAL AND POLITICAL PROPOSALS, against the death penalty or the lack of transparency; in favour of information and the freedom negated by many governments; promoting the condemnation of countries fighting over water, oil or primary materials; aimed at identifying solutions to environmental pollution and the neglect of cultural heritage; towards sustainable alternatives to nuclear power or proposals for more humane working conditions; all themes that could have generated projects-investigations that are both difficult and controversial.
In conclusion, a note on the advantages of the on-line procedure, which Newitalianblood.com has been utilizing for over 10 years to manage its competitions, and which participants appear to favour more and more. As usual, in coincidence with the announcement of the winner, all of the projects are presented as part of an exhibition. This marks the beginning of the most interesting phase, with the beginning of dialogue and debate between participants, critics, experts and the simply curious. In the pursuit of full transparency, it is possible to analyze the complete classification, with all preferences assigned by jury members. To further nurture debate, alongside the winner and the runner's up selected by the jury, we will present, in Rome and Shanghai, a selection of equally original and noteworthy projects. As always, we end by thanking all those who participated and we look forward to future collaborations with the next Newitalianblood.com competition, which will deal with the reuse of properties confiscated from the mafia.

1°

SILK ROAD MAP EVOLUTION

Silk Road Map Evolution è un progetto che nasce dalla volontà di rifondare e rigenerare l'attuale tracciato della Via della Seta attraverso una riqualificazione sociale, economica, politica e architettonica dell'antico tratto della Seidenstrasse che diventa così motore trainante per l'economia di realtà urbane in difficoltà. Silk Road Map Evolution è una città globale per il futuro, composta da lunghissimi tunnel e torri di forma variabile altamente sostenibili e abitabili. Questi piccoli mondi abitabili sono organizzati in grattacieli verticali e grattacieli circolari e la loro forma è dettata dalle funzioni interne e dal loro rapporto con la linea ferroviaria e il mondo naturale. Silk Road Map Evolution è costituito da due sistemi urbani bio-ecologici integrati e sviluppati in verticale e in orizzontale. Il primo elemento, le torri, è composto da tre diversi tipi di grattacieli che si innalzano per una altezza media di 400 m. Il secondo elemento, la ferrovia, costituisce la linea principale della Via della Seta ed è una linea di trasporto commerciale con treni che viaggiano su campi gravitazionali polarizzati e uniscono così l'Oriente con l'Occidente. La pelle esterna dell'intero progetto è composta da un sistema innovativo caratterizzato da un cemento a base di biossido di titanio che riduce significativamente l'inquinamento atmosferico e, grazie ad una particolare clorofilla sintetica, genera una reazione fotocatalitica che produce aria pulita per una quantità pari a 500 litri di ossigeno al giorno ogni 200 mq di superficie.

SILK ROAD MAP EVOLUTION

Silk Road Map Evolution is a project conceived from the desire to re-establish and re-build the old Silk Road line through a social, economic, political and architectural rehabilitation. Silk Road Map Evolution consists of two urban bio-ecological integrated systems developed respectively in vertical and horizontal. The first element, the complex of towers, is composed of 3 different types of skyscrapers that grow upright for an average height of 400m. The second element, the Silk Road railway system, is the main railway line with trains based on gravitational polarized fields serving all the routes and merging the East with the West. The outer skin of the whole complex (towers + tunnel) consists of a unique and innovative system made by an high level green concrete based on titanium dioxide that can significantly reduce air pollution and, through a synthetic chlorophyll, generate photo catalytic reactions producing clean air for an amount of 500M liters of oxygen per day. It changes its module-shape and pattern according to the place where the Silk Road Line is passing by and suddenly changing its configuration according to the culture of the country where it is located.

OFL
Francesco Lipari
Vanessa Todaro
Andrea Debilio

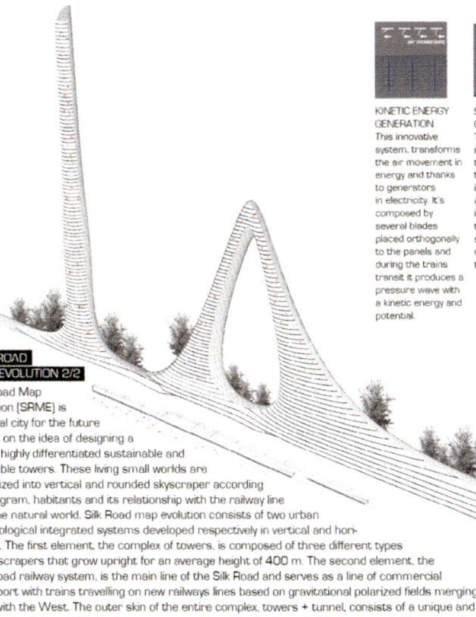

Vincitori/Winner | La Road Map della Seta | The Silk Road Map

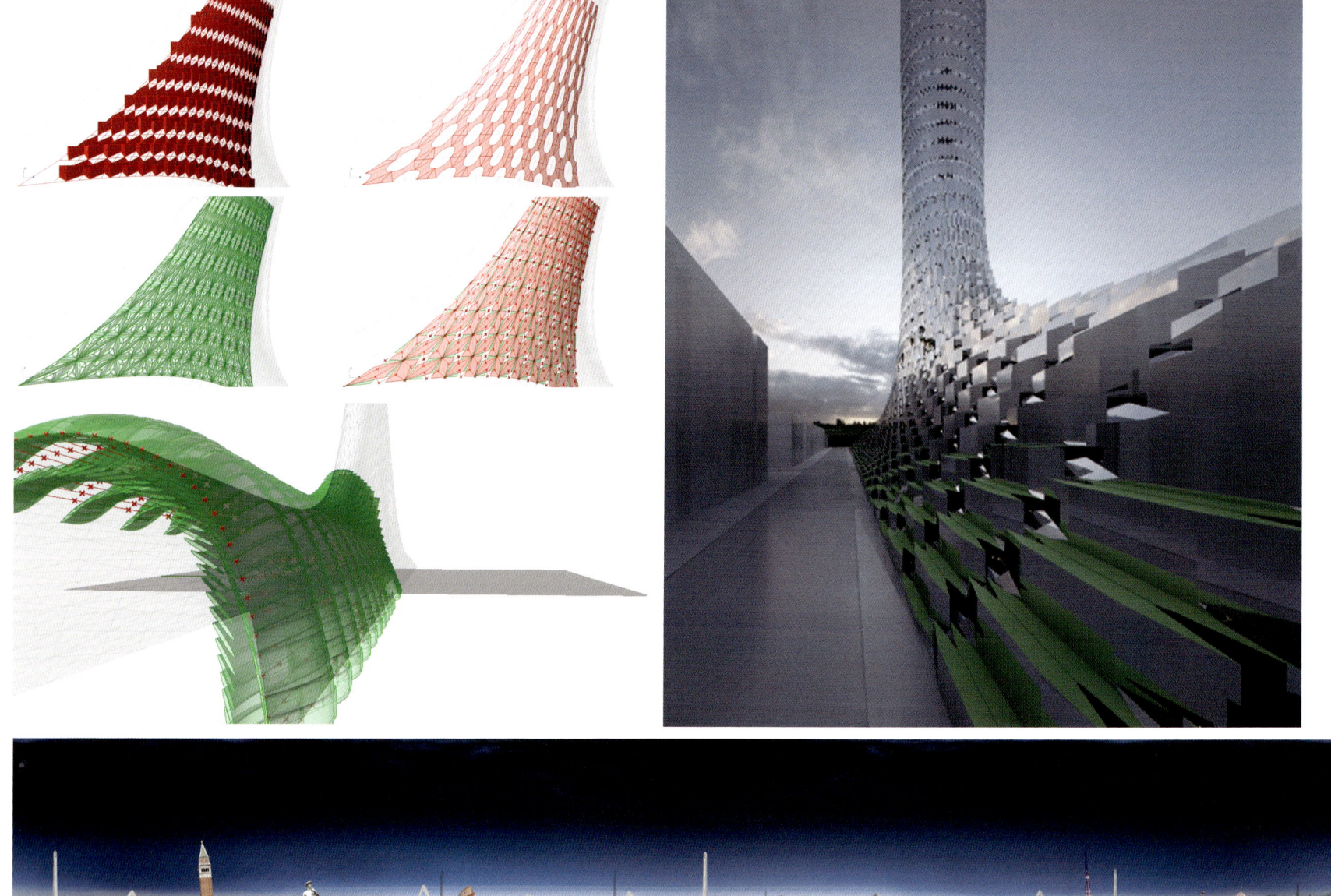

Vincitori/Winner | La Road Map della Seta | The Silk Road Map

2°

DIGITAL COCOON

Digital Cocoon si propone come un oggetto simbolico della sua era tecnologica esprimendone la sua poeticità. Confrontando la rete viaria con l'immagine al microscopio di un baco da seta vediamo immagini che si intersecano e che assumono graficamente una struttura analoga dalla quale si origina l'ispirazione artistica e progettuale. Si verrà così a creare un oggetto flessibile e dinamico, di struttura bianca e filiforme, a ciclo chiuso, avvolgente, un oggetto che è trasposizione sia della mappa che del cocoon, che simbolizza i percorsi, lo spazio, la trasformazione e la preziosità del filato e del tessuto più bello, la seta. Come le antiche carovane tracciarono le loro orme così le linee guida del progetto seguiranno queste ultime. L'oggetto tridimensionale è concepito come un padiglione che ridisegna analogicamente la mappa viaria e la struttura della crisalide, celebrando il concetto del viaggio e l'atto dell'incontro. Il padiglione, inserito in un contesto urbano, potrebbe essere utilizzato come spazio espositivo per vari eventi, mostre o spontanee attività pubbliche. Il padiglione è itinerante perché la sua struttura è concepita per essere smontata e trasportata facilmente. Il suo design può essere sviluppato attraverso le nuove tecniche digitali di disegno e può essere facilmente realizzato con nuove tecniche di produzione avanzata. Nell'era digitale è possibile realizzare forme fluide, dinamiche, distaccandosi dall'ordine industriale del XX secolo e dall'estetica geometrica del post-Bauhaus.

DIGITAL COCOON

Graphically it is possible to notice that the Silk Road network has many of the same structural characteristics as the complex configuration of the silk cocoon. The project's ideogram interprets and articulates these intricate set of travel connections and the silken pad. An object that expresses flexibility and that creates options for encounters is proposed. The loop structure of the object is a transposition of both the road net and the cocoon which symbolizes the space, the transformation, and the preciosity of the silk. As the caravans made their paths, the design object will traces the same route-net. The object is conceived as an iconic pavilion that redraws analogically the meanings of the Silk Road and the silk spun cocoon, celebrating the thoughts of the travel and the meeting. The pavilion can be used as an outdoor living room providing spontaneous and scheduled activities, public events; it allows various access points, perspectives and experiences, from the exterior to the interior, multiplying and playing the individual visitor's position in the space. The travelling pavilion is conceived to be taken apart and can be transported easily. The morphological design can be made possible through new digital techniques and be realized with new advanced materials. With the digital era, you can achieve fluid and dynamic forms detached from the serial industrial order of the 20th century and from the aesthetic of post-Bauhaus.

MARCO DE GREGORIO
Marco De Gregorio

DIGITAL COCOON

DIGITAL COCOON
Mediterranean Sea
Xian
Rome
Mediterranean Sea
Xian

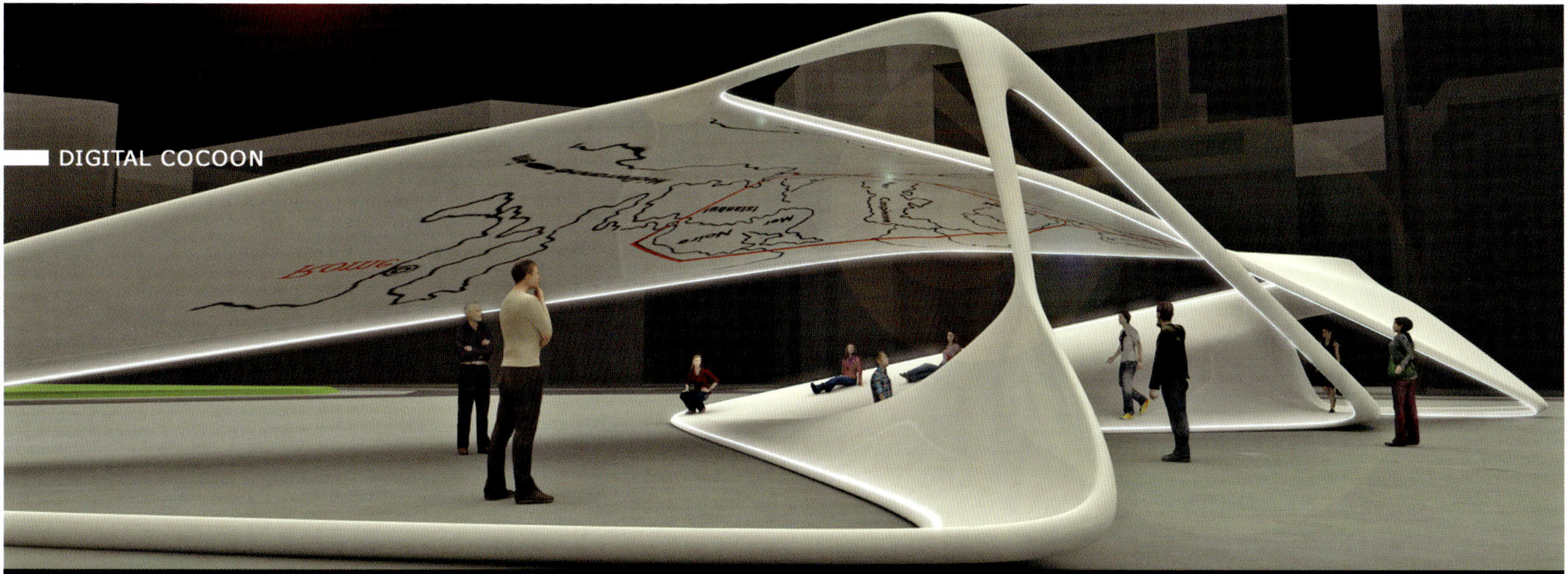

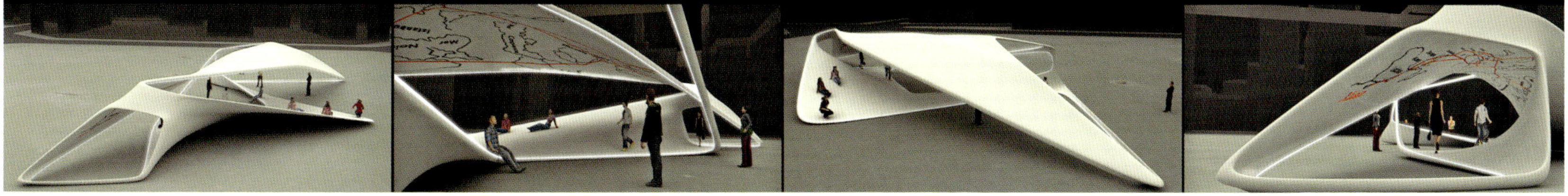

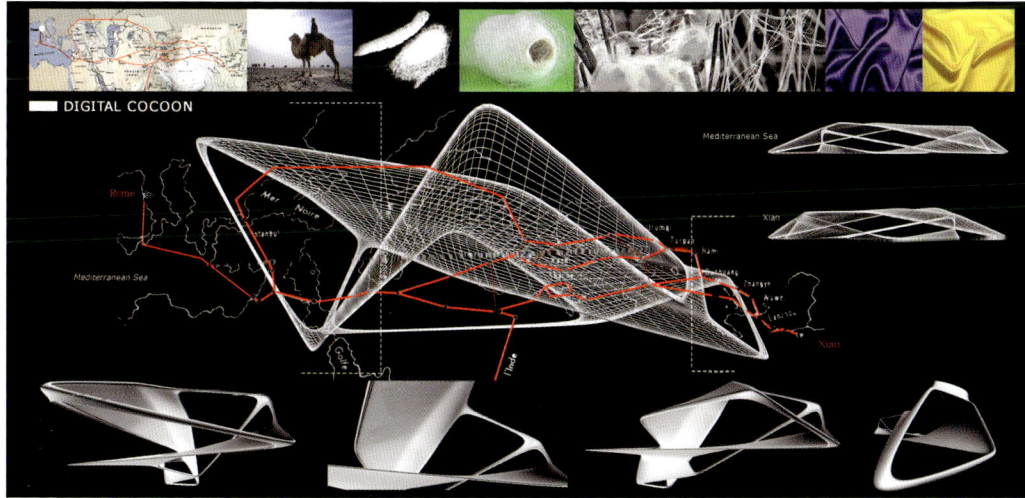

IL PARADISO RITROVATO BAGDAD

Dal Medioevo sino all'epoca delle grandi scoperte geografiche, per il viaggiatore occidentale la Via della Seta, oltre che un percorso commerciale, è anche un ideale ponte verso un mondo "altro": una terra incognita, caratterizzata da prodigi naturali e popolata da esseri fantastici. Tra queste "mirabilia" c'è anche l'Eden, il paradiso perduto che alcuni esegeti collocano in estremo oriente ed altri invece in Mesopotamia. Il progetto nasce allora dalla suggestione di un "paradiso ritrovato", inteso come luogo di rinnovata armonia tra l'uomo e la natura. Un paradiso capace di risanare un luogo reso inferno dalla guerra: la città di Baghdad, nel cuore dell'Iraq. Il "paradiso ritrovato" vuole rappresentare la concreta possibilità di un nuovo equilibrio planetario, basato sulla sostenibilità energetico-alimentare e sulla condivisione delle risorse. Ecco così l'idea di un "giardino produttivo", che assurga ad emblema di un diverso modello di agricoltura, non centralizzata ma distribuita, non monoculturale ma differenziata, non dipendente da fonti esogene ma capace di autoalimentarsi tramite le energie rinnovabili ed in particolare con l'idrogeno. In questo giardino, il recinto della tradizione biblica si srotola e diviene un "fil rouge" che mette in rete l'intervento e si protende verso il territorio circostante, configurando un asse attrezzato, lungo cui si articolano i sistemi di produzione e distribuzione energetica, oltre ad una "membrana interattiva" dotata di pannelli ed altri sistemi per l'informazione dei visitatori

PARADISE REGAINED BAGHDAD

From the Middle Age to the great geographic discoveries period, for western voyager Silk Road has always been a commercial path and an ideal bridge to another world: an unknown land, with natural wonders and fantastic creatures. One of these mirabilia is Eden, the paradise lost which some exegetes put in the far East and others in Mesopotamia. So the project imagines a "paradise regained", a place where man and nature can find again their harmony. A paradise able to heal a land that now is hell: Baghdad, in the heart of Iraq. The "paradise regained" makes concrete the possibility of a new planetary equilibrium, based both on energetic-alimentary sustainability and on resources sharing. So the idea: a productive garden as a new model of agriculture, not centralized but distributed, not monocultural but differentiated, non depending by hexogen sources, but fed by renewable energies and by hydrogen in particular. In this garden, the biblical tradition's enclosure unrolls itself and becomes a fil rouge that interconnects and opens the project to the surrounding territory. Along this axes, there are systems of production and distribution of energy, and an interactive membrane with panels for the visitors' information. In this way, paradise regained becomes a path of knowledge, able to represent a wonderful world, like that one imagined by the ancient voyagers, based on a pacific meeting: between man and nature, but also between different cultures, which, interacting, would create a possible future.

ORI ARIENTI
Maurizio Ori

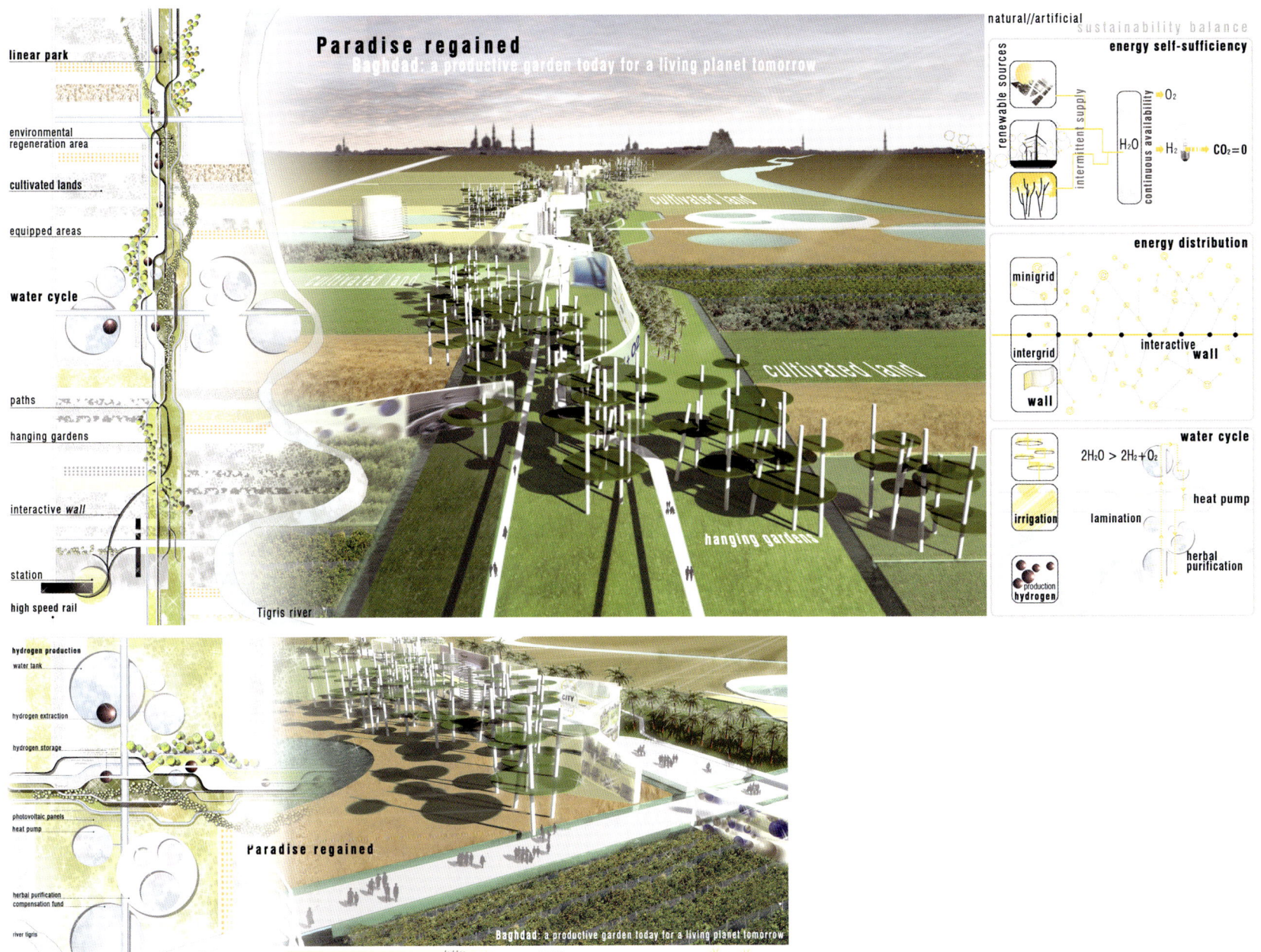

3°

SILKBROADCASTING

Cosa succederebbe se 33 città, dalla Cina all'Italia, fossero collegate da porte spaziali? Che cosa succederebbe se un cittadino del Turkmenistan potesse incontrare attraverso uno specchio magico gli abitanti della Cina, dell'Egitto o dell' Italia? Silkbroadcasting è un'installazione multimediale che celebra il ruolo fondamentale della Via della Seta di collegamento tra le popolazioni occidentali ed orientali, rendendo il mondo più piccolo. Una video installazione composta da due schermi LCD uno di fronte all'altro collocati nelle principali piazze (o in qualche altro significativo spazio pubblico) dei centri di 33 città lungo la Via. Stando tra gli schermi, si vedranno visualizzate, in una prospettiva virtuale, le varie installazioni di tutte le altre città che partecipano al progetto. Trovarsi faccia a faccia con persone provenienti da paesi distanti anche miglia e miglia, sarà una splendida rappresentazione di ciò che il mitico percorso scomparso riusciva a collegare. Gli schermi 6x3 contengono videocamere in grado di catturare la scena di fronte a loro, nello stesso istante il video LCD proietta. Grazie a questo trucco, guardando uno schermo, si vedrà un tunnel visivo infinito che collega tutte le installazioni, un lato guarderà verso ovest, e l'altro verso est. Ciò significherà, ad esempio, che lo schermo di Tiro che guarda a oriente mostrerà quello che le telecamere riprendono a Damasco, mentre quello verso occidente visualizzerà le immagini catturate a Gaza.

SILKBROADCASTING

What if 33 cities, from China to Italy, found themselves connected by dimensional gates? What if a citizen of Turkmenistan could meet through a magic mirror the habitants of China, Egypt or Italy? SilkBroadcasting is a breathtaking media artwork that recalls and celebrates the Silk Road pointing out its fundamental role in connecting western and eastern populations, making the world smaller. A video installation consisting of two wide LCD screens one facing the other will be settled in the main square (or in some other meaningful public space) in the downtown of 33 cities along the road. Standing between the screens, one will see displayed into a virtual perspective all the installations of all the other cities taking part to the project. Being face to face with people from countries even miles and miles far will be a stunning representation of what the mythical disappeared path really linked.
The 6x3m screens contain cameras able to capture the scene in front of them while the LCD is displaying. This because the 're-cord' and 'display' phases alternate in short intervals, making the flicker unperceivable to the eye. Thanks to this trick, staring at a screen, one see a visual tunnel connecting all the installations, toward west in one side and toward east in the other. This means, for example, that the eastern mirror in Tyre displays what the cameras see in Damascus, while the western one shows the scene captured in Gaza.

ECHO
Giacomo Minelli
Riccardo Pedrazzoli
Valentina Cicognani

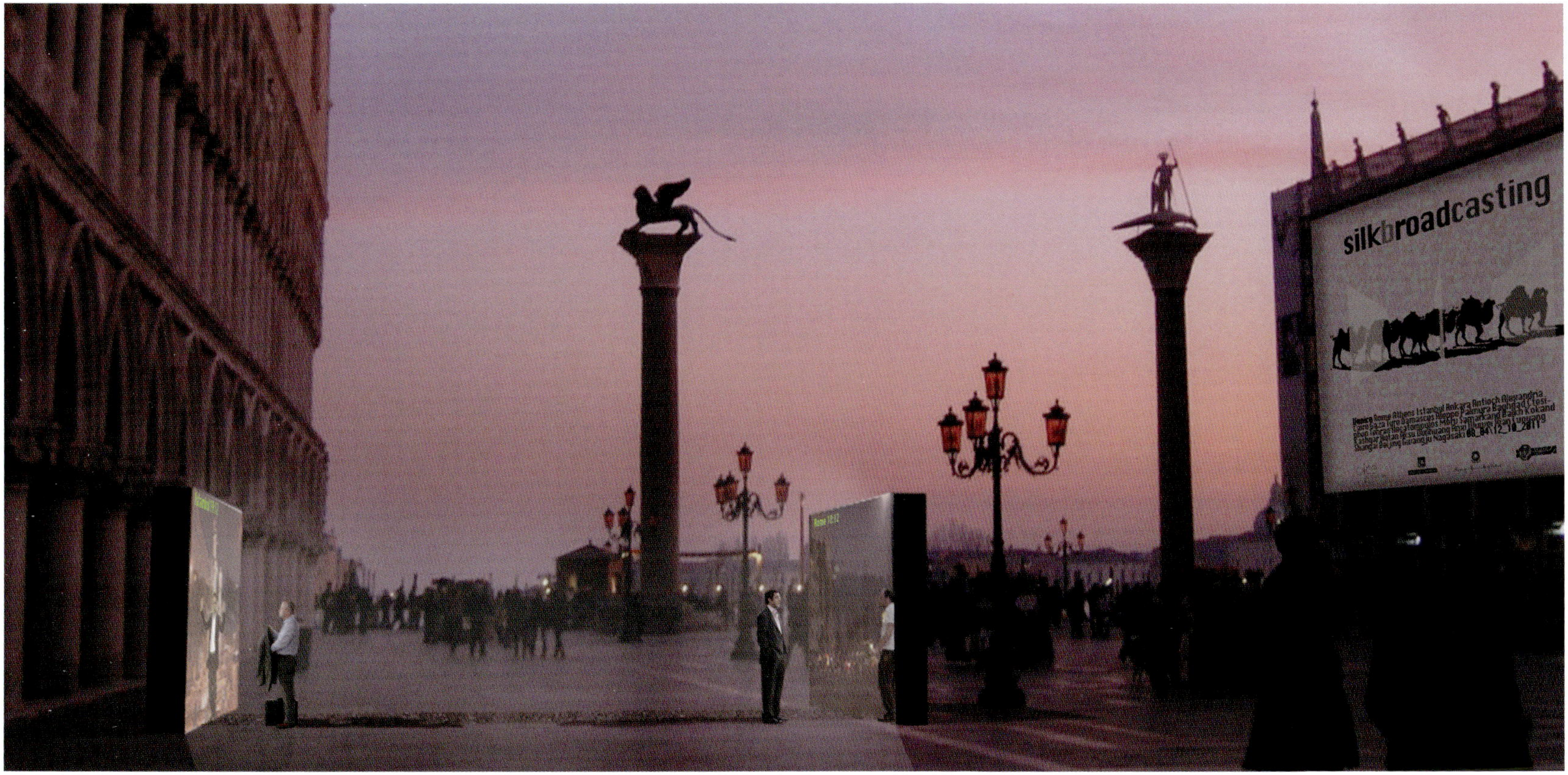

PIAZZA PAIFANG ZHAOQING

La piazza dell'arco commemorativo (Paifang) di Zhaoqing rappresenta un collegamento fisico e visivo tra la città storica, densa e compatta, e il paesaggio del parco nazionale dei "Picchi delle sette Stelle", tanto da poter essere considerata "l'anticamera" del parco stesso. Questa condizione dovrà essere mantenuta trasformandola in un luogo centrale a metà strada tra il parco e la città e dando maggiore importanza all'asse visuale che dal fiume, attraverso il centro della città compatta, conduce al lago continuando nella medesima direzione verso le cime e il tempio buddista arroccato sulla collina. L'area oggetto del masterplan ha un'estensione totale di circa 180.000 mq che comprende uno spazio di 22.000 mq, posizionato tra il palcoscenico e l'arco, che è riservata all'intrattenimento e alla socializzazione. Sembra opportuno organizzare l'area in un insieme di spazi più chiaramente delimitati, riconoscibili come "stanze urbane", pur mantenendo la sua grande capacità di ospitare il pubblico e l'apertura verso il paesaggio. Il layout del masterplan offre il riferimento metaforico al design tradizionale delle pietre per l'inchiostro: il tracciato della nuova banchina, come un'incisione eseguita finemente al bordo del bacino definisce il nuovo margine del lago, in modo che esso stesso partecipi alla costruzione dello spazio pubblico. Il progetto, che è stato scelto come il vincitore di un concorso ad inviti, diventerà il centro di molte nuove attività, oltre ad attirare i visitatori lungo il lago.

PAIFANG SQUARE ZHAOQING

The Paifang square of Zhaoqing represents a physical and visual link between the densely-crowded historic city and the landscape of the Seven Stars Crags national park, really it can be considered the "antechamber" of the park. This condition will have to be reversed, turning it into a central place mid-way between the park and city and also giving new importance to the visual axis that, from the river, through the crowded city centre, leads to the lake, continuing in the same direction towards the peaks and the Buddhist temple perched on the hill. The area covered by the masterplan has a total extension of around 180000sqm which comprises a space of 22000sqm, positioned between the stage and the arc, which is reserved for entertainment and congregation. It seems advisable to organise the project area in a set of more clearly-delimited spaces, of recognisable "urban rooms" while maintaining its large public accommodation capacity and aperture towards the landscape.
The layout of the masterplan features an analogy with the traditional design of ink stones: the engraved, finely chased edge of the basin defines the new border of the lake in such a way that the lake participates in constructing the public space. The project, which has been chosen as the winner of the call for tender will become the centre of many new activities in addition to attracting the visitors along the lake.

OFFICINA UNICA
Giovanni Marco Chiri

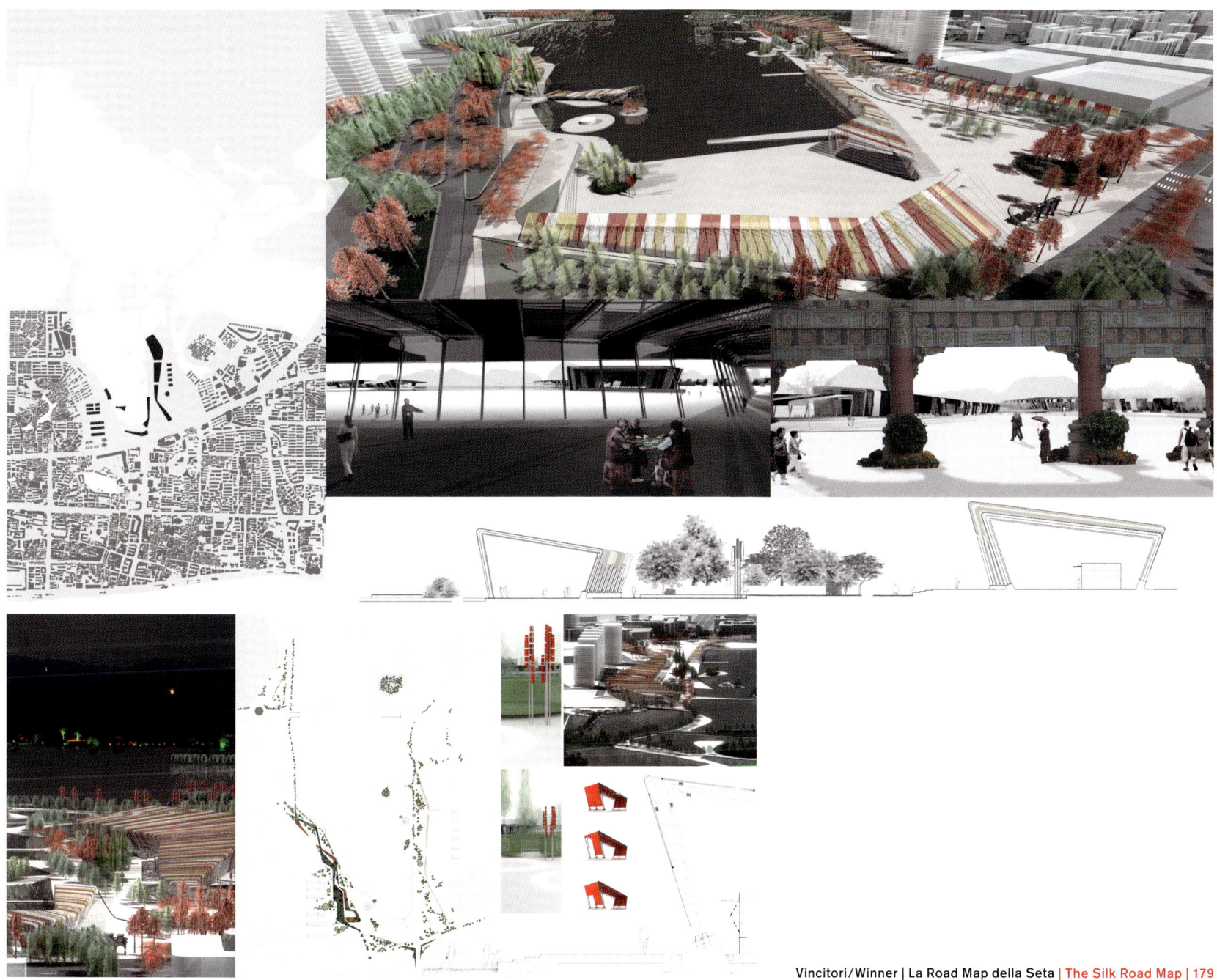

4°

SILK-WORM

Un modulo leggero, facilmente trasportabile, smontabile, ricomponibile in più configurazioni capace di segnare tutta la Via della Seta, attraverso la sua collocazione e riconfigurazione in rapporto ad esigenze locali, generando una disseminazione puntuale di elementi differenti per tipologia: torre di avvistamento, caravanserraglio, bordo lineare, ponte di attraversamento, e per funzione: spazio di ristoro, servizio igienico, camera da letto, info-point, spazio espositivo, omogenei per valenza simbolica: punti di una rete di identificazione, appropriazione e orientamento da Roma e Venezia fino a Shanghai e per target culturale: generare segni con moduli di alluminio strutturale (produzione italiana) rivestiti di tessuto rosso (seta cinese), che unificano il territorio. Una sorta di cippi della centuriazione romana o piccole parti di muraglia cinese disseminate, sequenza di fotogrammi unici di paesaggi estremamente variegati contenenti segni contemporanei univoci. Il modulo è trasportabile con qualsiasi mezzo, ha dimensioni adatte al movimento 2,5 metri di larghezza x 5 metri di lunghezza (posto auto) x 3 metri di altezza e consone alla "abitabilità". La produzione viene affidata alla partnership Italia - Cina, che lo offre a tutte le località interessate lungo la percorrenza est-ovest, per recuperare e disvelare in modo realistico e minimale la Via della Seta. Su google map possono essere ipotizzati come tanti sassi rossi della favola di Pollicino, attraverso i quali ciascuno di noi sul territorio e lungo il percorso può orientarsi e identificarsi.

SILK-WORM

A light unit able to be moved easily, that can be disassembled and reassembled in many shapes, able to mark the whole Silk Road, through its setting and reconfiguration in relation with local needs.
The units generate a punctual dissemination of different elements divided per type: sight tower, caravanserai, linear edge, crossing bridge and per function: refreshment unit, bathroom, bedroom, info-point, exhibition space, shopping space, and homogeneous per simbolic value as knots of an identification, appropriation and orienteering net from Rome and Venice to Xi an and Shanghai and per cultural target to generate signs by structural alluminium blocks (made in Italy) covered and coated by red tissue (chinese silk). They unify the landscape, constituting themselves as boundary stones of Roman Centuriatio or as disseminated fragments of the Chinese Wall, sequence of unique photograms of extremely differentiated landscapes, containing univocal contemporary signs. The silk-worm can be carried with the whole range of suitable contemporary means of transport (w=2,5 metres, l=5 metres, h=3 metres) like a parking space fit for living.
The Italy-China partnership will take care of the production and can offer the unit to whole local comunities interested along the east-west silk road route.
On google maps they might be seen as the little stones (red) of "Pollicino" fairy tale, through which each of us can orienteer and identify on the landscape along the silk road.

NAT OFFICE
Christian Gasparini
Lorenzo Badari

measures' worm
silk-worm
01

samarcanda
type's worm
sight tower
crossing bridge
linear edge
caravanserai
venezia
damasco
teheran
kashgar
aleppo
bejing
shanghai
xi'an
silk-worm
02

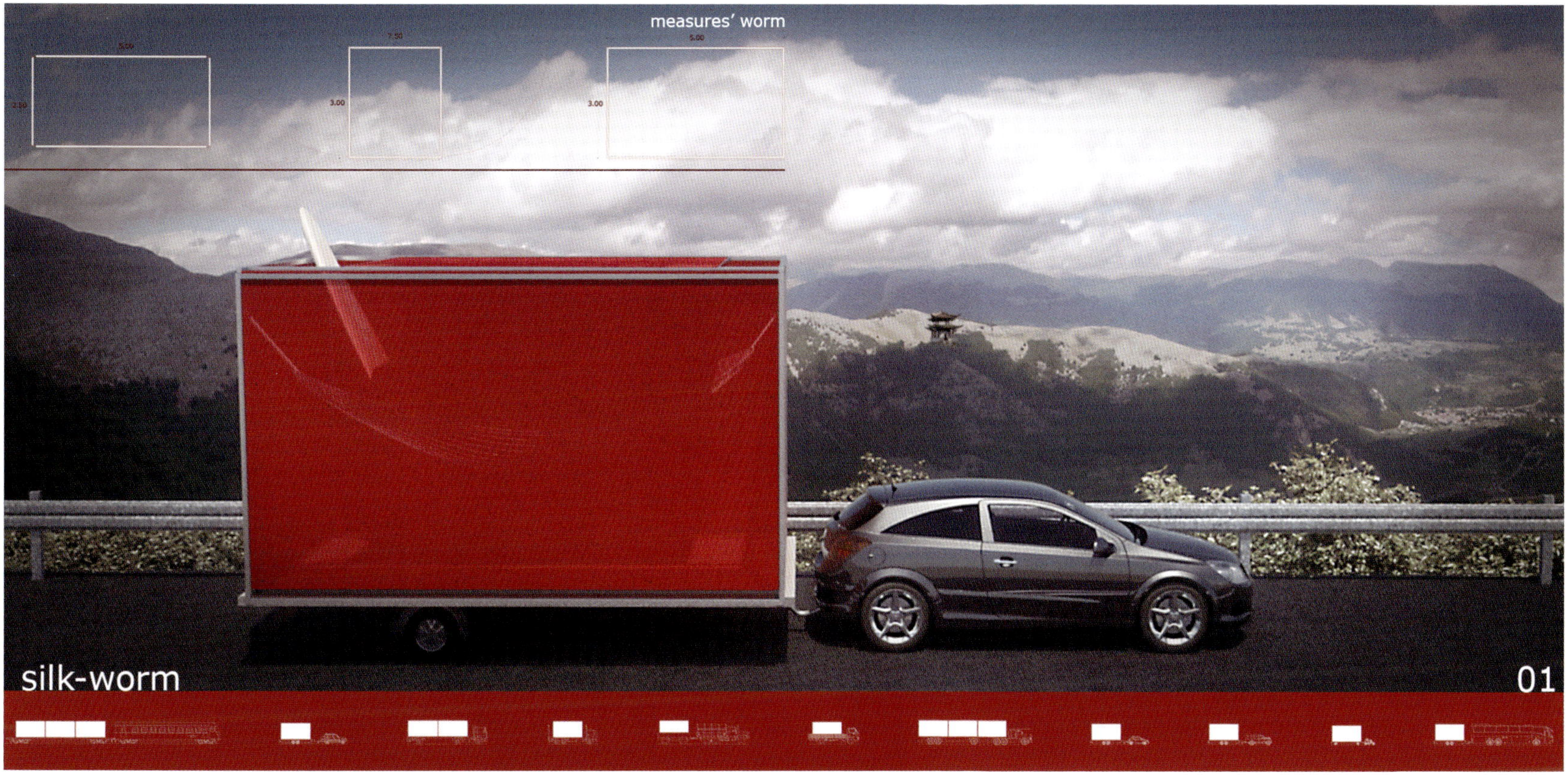

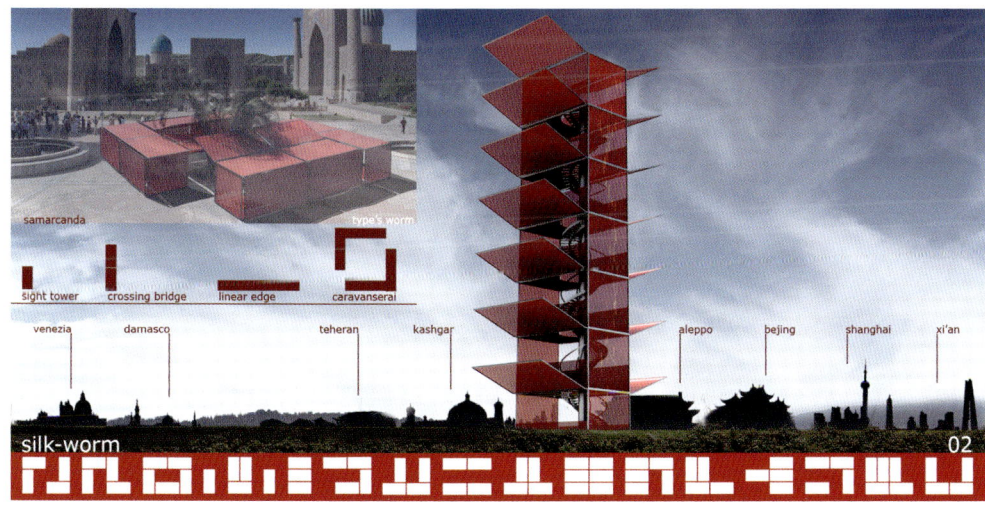

ALTA VELOCITA' INTORNO AL DESERTO

Volevano connettere Oriente e Occidente accrescendo il benessere delle popolazioni locali. Noi abbiamo progettato un anello infrastrutturale ad alta velocità intorno al deserto. All'esterno dell'anello, urbanità diverse e nodi intermodali di trasporto si sono sviluppati con grande rapidità attraendo industrie e persone. Presto il commercio è fiorito incrementando la stabilità politica della regione. All'interno dell'anello, il deserto è rimasto intatto diventando l'area naturale più grande al mondo. La maggior parte dei suoi paesaggi sono diventati parchi nazionali e riserve. Da tutto il mondo visitatori arrivano per assaporare quello che secoli prima era conosciuta come la "Via della Seta", una costellazione di insediamenti circondati dalla magia del deserto. Uno sviluppato sistema di oasi permette alle persone di muoversi liberamente da un punto all'altro sperimentando la connessione tra uomo e natura. Il deserto è diventato una nuova tela da esplorare mentre le oasi lavorano come delle piccole industrie dove i frutti della terra sono resi utili all'uomo…

INFRASTRUCTURAL HIGH-SPEED RING AROUND THE DESERT

They wanted to connect Western and Eastern world in the fastest way. We cut the desert. They wanted to connect Western and Eastern world bringing wealth to the local populations. We developed an infrastructural high-speed ring around the desert. On the outer side, a whole set of urbanities and intermodal transports developed very fast attracting industries and people. Commerce flourished soon improving the political stability of the region. On the inner side, the desert remained untouched becoming the world's biggest natural area. Most of its landscapes turned into national parks and reserves. From all over the world people come there to visit what centuries ago was known as the silk road, a constellation of settlements surrounded by the magic of the desert. A developed system of oasis' allows people to freely move from one point to the other experiencing the connection between man and nature. The desert became a new canvas to explore while the oasis' work as small factories where the fruits of land are made useful to man…

V00 2
Valerio Ciotola
Veronica De Odorico

Vincitori/Winner | La Road Map della Seta | The Silk Road Map

6°

SILKOCOONS La Via della Seta rappresenta un tratto ricorrente della storia del genere umano: relazioni e connessioni tra differenti nazioni e società. Il baco da seta ne incarna l'essenza. La forma protettiva dei bozzoli, la loro struttura connessa e il loro prodotto finale - la vita in sé - rappresentano una metafora naturale delle società umane e le loro connessioni, con la qualità di vita che esse generano. Il bozzolo, insediamento produttivo del baco, è il primo motore originario e originale della Via della Seta. La connessione tra arcaico e contemporaneo trova un suo emblema nel rapporto che esiste tra la fibra della seta e la fibra ottica. La fibra della seta collega e protegge i bozzoli; la fibra ottica potenzia la società tecnologica. Le fibre ottiche di oggi, che trasportano informazione ovvero il torrente circolatorio delle nostre società, e che sono spesso nascoste, diventano presenti in questo progetto come una tessitura di seta cablata, che circonda e integra edifici simili a bachi e bozzoli. Mentre lo scambio di informazioni avviene attraverso le fibre ottiche, il movimento delle persone tra gli edifici è permesso da una rete di vie di trasporto sopraelevate. Questi bachi cablati e connessi sono strutture modulari che cambiano in numero, collocazione, geometria e rapporti interni lungo la Via della Seta.

SILKOCOONS The Silk Road represents a recurring trait of the history of mankind: relations and connections between different nations and societies. The silk cocoon embodies this history of relations and connections. The cocoons' protective form, their connected structure and their ultimate product - life itself - are a natural metaphor for mankind's societies and their connections, and the enriched life they generate.
The cocoon, the productive settlement of silkworms, is the Silk Road's original, timeless engine. Connecting timeless and modern is the analogy between silk fiber and optical fiber. Fibers connect and protect the cocoons; fibers connect and empower the technological society.
The often hidden fibers of today, carrying the information that is our societies's lifeblood, come alive in this project as a wired silk texture, surrounding and integrating cocoon-like buildings. The exchange of information takes place through fibers.
People's movement between buildings is enabled by a web of elevated transport lines. These wired, connected cocoons are modular structures that change in number, place, geometries, and internal hierarchies along Silk Road.

RAS PROJECT
Paolo Raspa
Raul Gabriel
Fabrizio Giuffrida
Raffaele Capone

Vincitori/Winner | La Road Map della Seta | The Silk Road Map

6°

SILK PLOT

Il progetto è localizzato in 33 città, lungo l'antica Via della Seta, al fine di assorbire da ciascuna di esse immagini, suoni e conoscenza, come capitava all'antico viaggiatore lungo il suo cammino. Si tratta di 33 container che cambieranno posizione ogni 15 giorni, toccando ciascuno tutte le città. Ognuno di essi è diviso in due parti: una per la ricezione, una per la trasmissione di dati, immagini, video, suoni e oggetti attraverso lo scambio tra le città dei container e delle informazioni raccolte. Lo scambio offre ad ogni città la possibilità di conoscere le altre 32 in 485 giorni, attraverso 33 scambi. Come in un viaggio, giorno per giorno, il bagaglio di informazioni aumenta e fa accrescere conoscenza e curiosità.

SILK PLOT

The project is located at the same time in 33 cities along the old silk road, in order to absorb from each one images, sounds and knowledge about different culture like the old traveler did in his journey. All the 33 boxes change their position in every step. Each of them is divided in two parts: one for receiving, one for transmitting data, images, video and sounds of different cities. How? Through the exchange of the containers and the relative information among the cities. These two examples show a part of two container's journey. The exchange gives the possibility to every city to know the others 32. When? In 33 steps of exchange in 485 days. Like in a journey, day by day, the luggage of the collected data increases.

ACIDI
Daniela Mortarotti
Chiara Ferrando
Alessandra Dalle Nogare

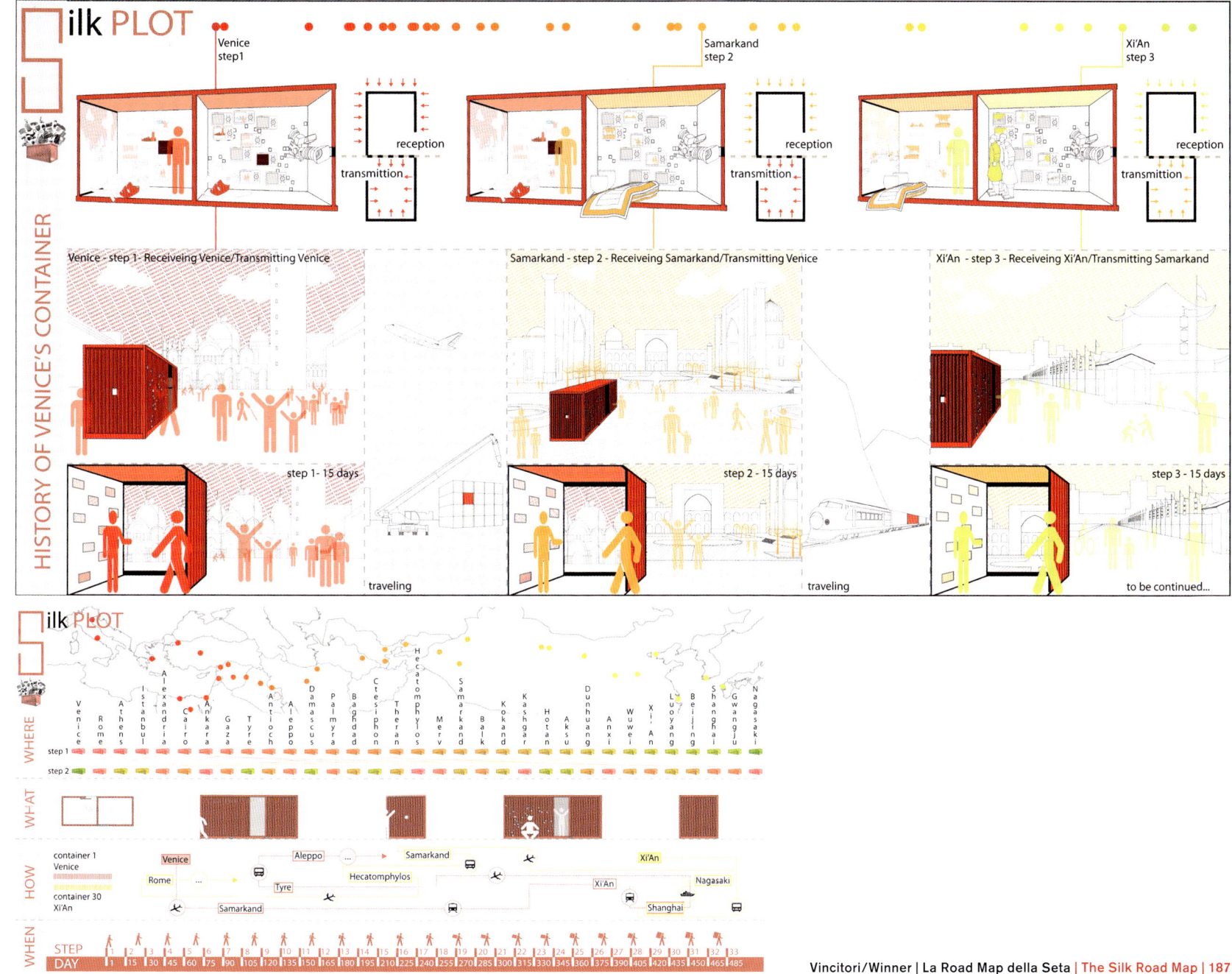
Vincitori/Winner | La Road Map della Seta | The Silk Road Map

1°

DONG. DAL SUONO DELLA PAROLA CINESE MOVIMENTO

In tempi antichi, la principale caratteristica della Via della Seta era la capacità di diffondere cultura. Lo sviluppo dei trasporti ha reso più facile viaggiare, ma si è iniziato ad ignorare "attraverso dove si passa", preoccupandosi di due soli punti (inizio e fine). Alcune città lungo la Via della Seta sono in declino o sono scomparse a causa di condizioni climatiche avverse, guerre o scelte politiche. Alcune sono diventate delle "città morte", altre sono ancora delle "città viventi" ma senza vigore. La maggior parte degli abitanti sulla Via non si conosce l'un l'altro e questo conduce al pregiudizio. La nostra missione è rivelare di nuovo la Via della Seta ai suoi abitanti. Non parliamo solo della sua storia, ma anche dei differenti stili di vita odierni. La nostra missione sarà messa in atto dal DONG, nato dal suono della parola cinese MOVIMENTO.

Il Dong è lungo 10 km e ampio 60 metri, è bianco e costituito da palloni chiusi in una struttura di fibre: palloni video/camera (che registrano video durante il volo) e palloni strutturali (che, prendendo e rilasciando aria, garantiscono il movimento del Dong). Si può controllare la posizione del Dong e i suoi video sul sito dedicato ad esso. Il Dong, arrivando in città, annuncia un festival. Si modella divenendo un percorso (collegando piazze, bazaar e parchi esistenti) e una copertura per nuove attività (nuovi bazaar, cinema all'aperto, parchi delle lampade o nuovi caravanserragli nelle città morte…). Il Dong è una piattaforma di informazioni di Input e Output che può essere facilmente utilizzata da chiunque.

DONG. FROM THE SOUND OF CHINESE WORD MOVING

Main power of Silk Road, in ancient times, was spreading culture. Development of transportation made the journey easier but people have started ignoring "where they are passing through" and just caring about two points (start and end). Some cities along Silk Road are decaying or disappeared due to climate, wars or politic. Some of them became "dead city", and some are still "living city" but sans vigor. Most of inhabitants along Silk Road don't know each other and this led to prejudice.

Our mission is reveal again Silk Road to its inhabitants. We are talking not only about its history, but also about its actual different lifestyles. Our mission will be acted by Dong, born from the sound of Chinese word Moving.

Dong is like the ancient troubadour, who gave news, collected information at the same time and never stopped travelling. Dong is 10km long and 60m wide. Dong is white and made by balloons closed in a fibre frame: video/camera balloons (which take videos during its fly) and structure balloons (which, taking in and blowing out air, enable Dong movement). People can check Dong location and flying videos on Dong website. Dong announces a festival arriving in the city. It models itself, according to the city, becoming a corridor (connecting existing plazas, bazaars, parks) and a cover for new activities (new bazaars, outdoor cinemas, parks of hanging lamps, new caravanserai in a dead city...). Dong is a platform of input and output information which can easily used by everyone.

5DONGS
Renzo Campisi
Min Tang
Reiji Kobayashi
Shiho Eika
Francesca Ceccarini

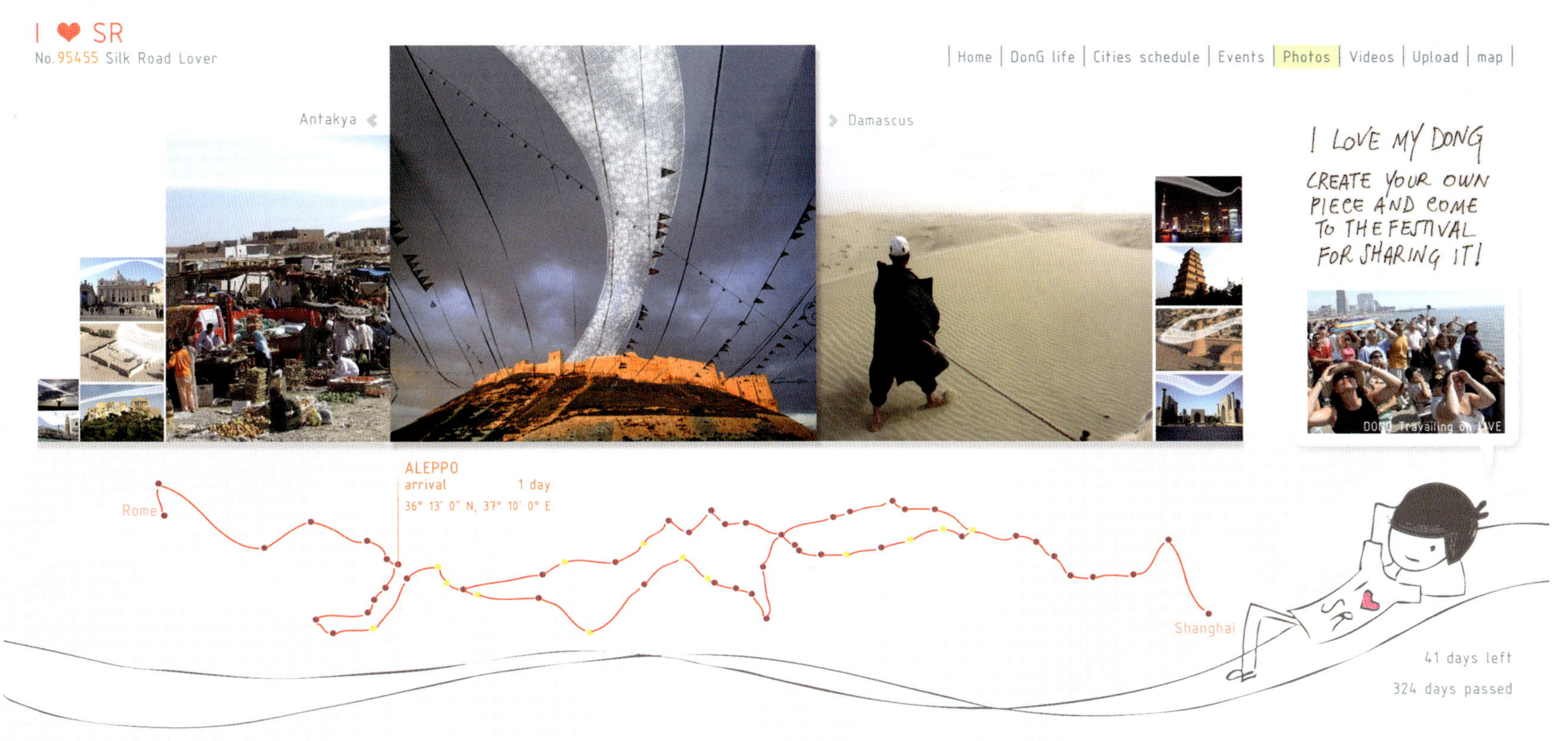

I ♥ SR
No.95455 Silk Road Lover
| Home | DonG life | Cities schedule | Events | Photos | Videos | Upload | map |
Antakya
Damascus
I LOVE MY DONG
CREATE YOUR OWN PIECE AND COME TO THE FESTIVAL FOR SHARING IT!
ALEPPO
arrival 1 day
36° 13' 0" N, 37° 10' 0" E
Rome
Shanghai
41 days left
324 days passed

I ♥ SR
| Home | DonG life | Cities schedule | Events | Photos | Videos | Upload | map |
DONG= mesh + ballon+ camera/screen
city A
city B
city A
city B
city A
city B
DONG's moving process
Existing activities
Stimulate new activities
DONG's arrival
Taking your videos
Outdoor projection videos
100 m
10 m
Event spaces on high buildings
Outdoor Cinema
Hanging lamps
Bazaars and festival spaces
Up-donging your videos
Flying above ruins
Caravanserai-cover in desert

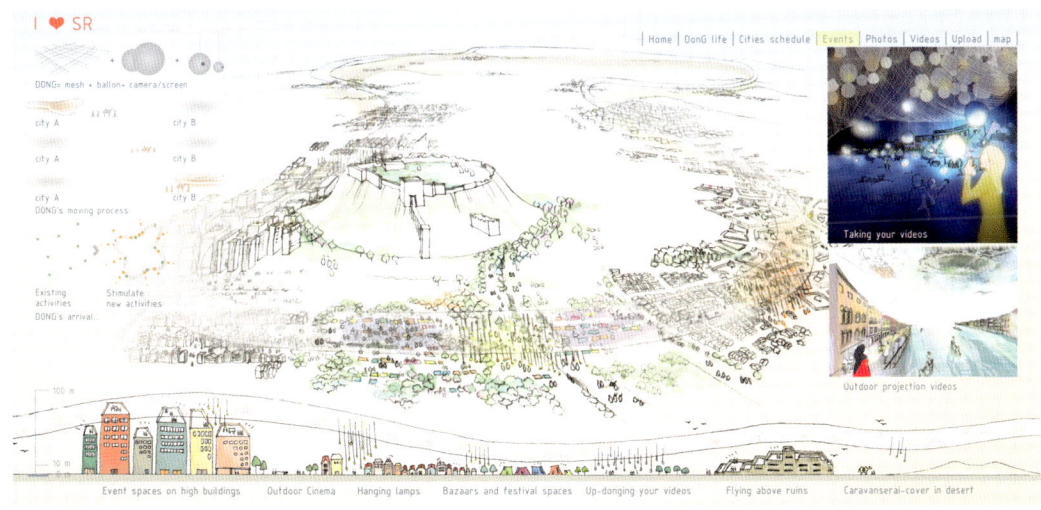

SILK-SKY PROJECT

Il progetto Silk-sky si propone di innovare il concetto di carovana, per secoli il principale mezzo utilizzato per percorrere la Via della Seta. Il dirigibile, nella sua evoluzione sicura e tecnologicamente avanzata, rappresenta il mezzo ideale per migliorare l'efficienza della movimentazione di uomini e merci lungo i 15 mila chilometri del percorso. Conciliando i ridotti consumi con elevate capacità di carico, flessibilità negli spostamenti e lungo raggio di percorrenza, il dirigibile ha accompagnato storicamente le grandi esplorazioni e le imprese più memorabili. La proposta prevede la creazione di un sistema a rete che copra l'intero ambito di pertinenza del futuro "Patrimonio dell'Umanità" - dall'Italia al Giappone per circa 15.000 km - tra i fusi UTM33N e UTM52N. Al suo interno alcuni nodi intermodali consentono l'interazione con le altre infrastrutture di comunicazione (aereo, treno, auto…). Dal dirigibile si può godere di un punto di vista ineguagliabile, viaggiando nel silenzio e senza inquinare. Inoltre Silk sky è un'infrastruttura flessibile e potrebbe essere un prezioso supporto al nuovo progetto di rete ferroviaria ad alta velocità. La tecnologia proposta rappresenta una sintesi dei 3 maggiori progetti contemporanei individuati dalla letteratura: Aeroscraft, Skycat, Sky Hook (Boeing). L'interesse dimostrato da un gigante del calibro di Boeing per i dirigibili di nuova generazione rivela le enormi potenzialità di questa tecnologia, candidata ideale per la nuova carovana del cielo lungo la Via della Seta.

SILK-SKY PROJECT

The Silk-sky project aims to innovate the concept of the caravan, for centuries the main vehicle used to travel the Silk Road. The airship in its safe and technologically advanced evolution, is the ideal way to improve the efficiency of movement of people and goods along the 15,000km route. Combining fuel efficiency with high load capacity, movement flexibility with high range, the airship has historically accompanied all major undertakings and explorations of mankind. The proposal envisages the creation of a network system covering the entire sphere of relevance for future World Heritage - from Italy to Japan for about 15.000 km - coordinates from UTM33N to UTM52N. Inside some intermodal hubs allow interaction with other communications infrastructure (air, train, car…). From the airship you can enjoy a unique point of view, traveling ecologically and silently. Silk-sky is also a flexible infrastructure. It could be a valuable support to the new high-speed trains network project. The proposed technology represents a synthesis of three major projects identified in contemporary literature: Aeroscraft, Skycat, Sky Hook (Boeing). The interest shown by the aviation industry for this type of aircraft shows the enormous potential of this technology and candidate it to be the new sky caravan along the Silk Road.

SILK SKY
Roberto Tranchese
Antonio Rinaldi
Matteo Belfiore

stations

lines

line A

itinerary

DISTANCE = 2.900 KM
TIME OF PERCORRENCE = 9H

line B

itinerary

DISTANCE = 4.000 KM
TIME OF PERCORRENCE = 12H

line C

itinerary

DISTANCE = 7.000 KM
TIME OF PERCORRENCE = 20H

Isochrones

line A
europe

line B
midest

line C
asia

dirigible systems actually in use

the technique

dirigibles

main features

Model	SkyCat 20	SkyCat 220	SkyCat 1000
Volume	24.500 mc.	475.000 mc.	2.000.000 mc.
Dimensions (L/H/W m)	81/24/41	185/47/77	307/77/136
Capacity (L/H/W m)	25,5/2.6/3,5	64/4,8/7,8	80,8/8,0/12,2
Payload (ton)	20	220	1000
Autonomy (miles)	2.400	3.225	4.000
Altitude (m)	3.000	3.000	6.000
Cruising speed (knot)	75	80	100
Speed max (knot)	85	95	110

design

applications

tourism
transports
communications
territory screening
advertising

infrastructure

hangar

dimension	architecture
H = 40m L = 110m W = 50m AREA = 5500m² VOL = 220000m³	

box office

dimension	architecture
H = 2.5mm L = 4m W = 2m AREA = 8m² VOL = 20m³	

heavy goods transports

public transport

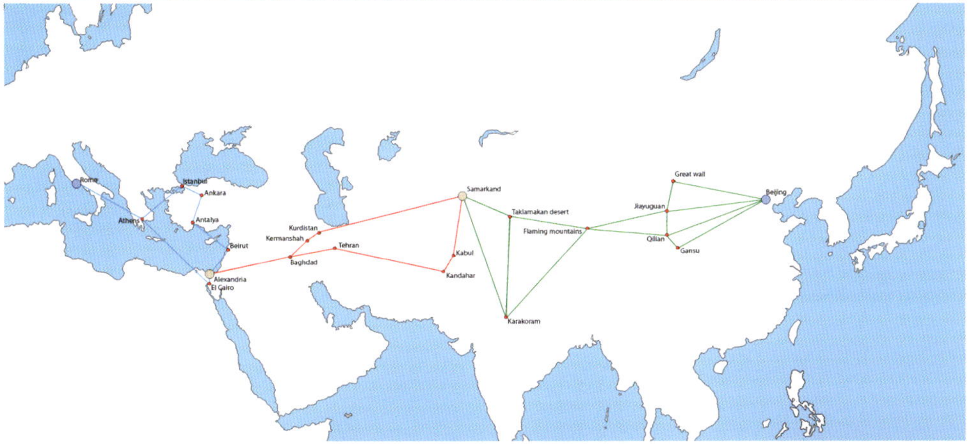

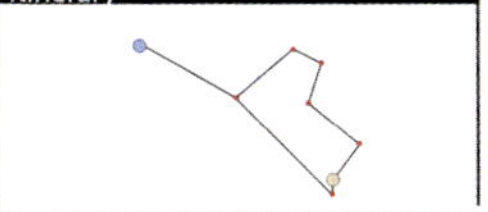

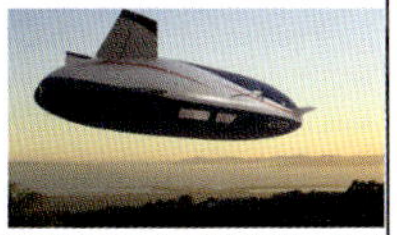

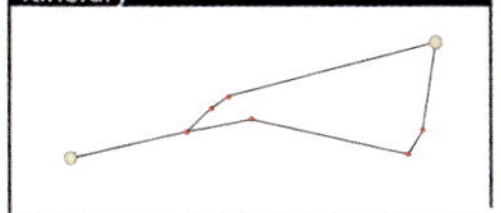

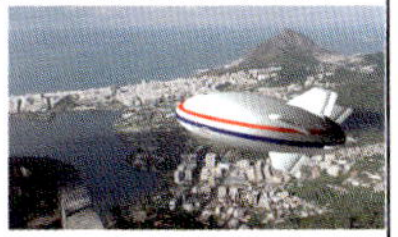

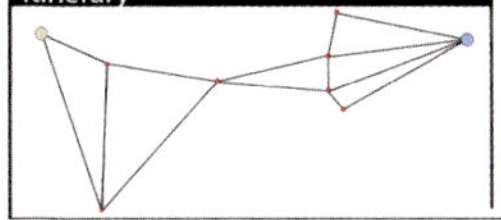

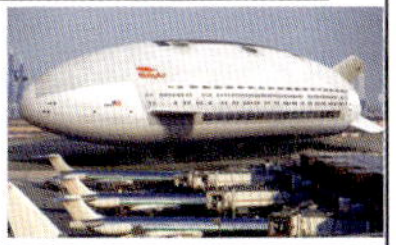

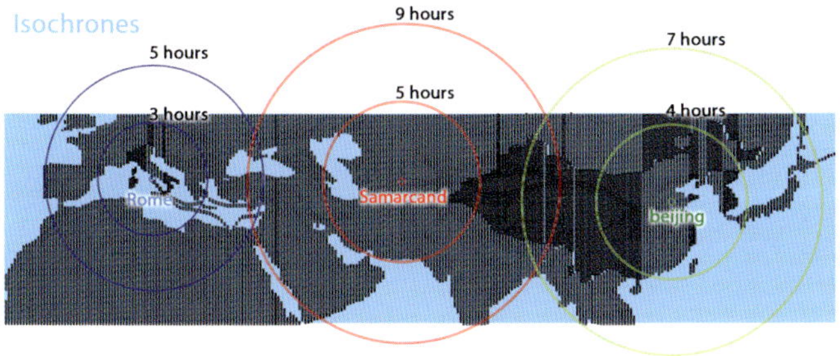

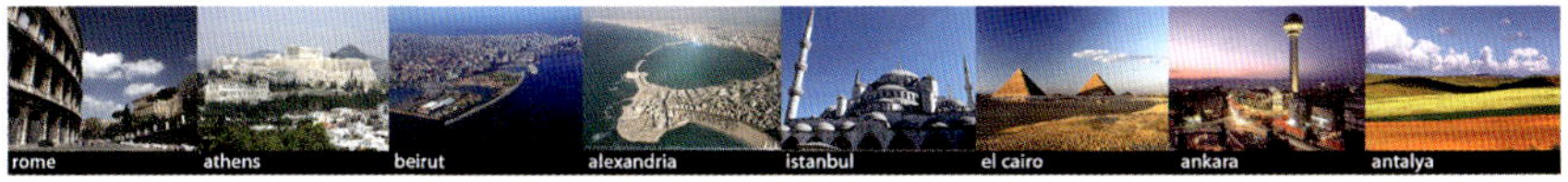

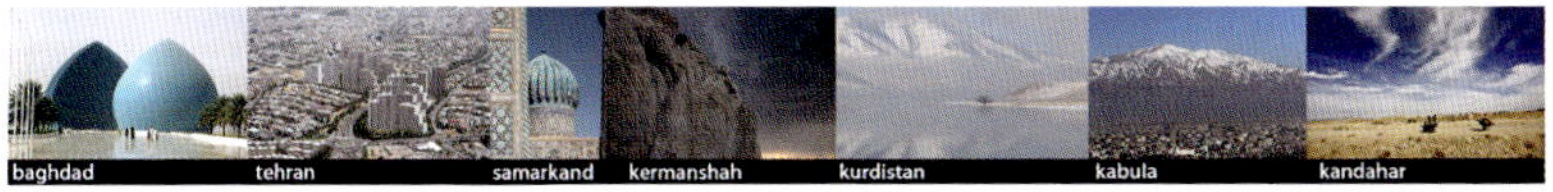

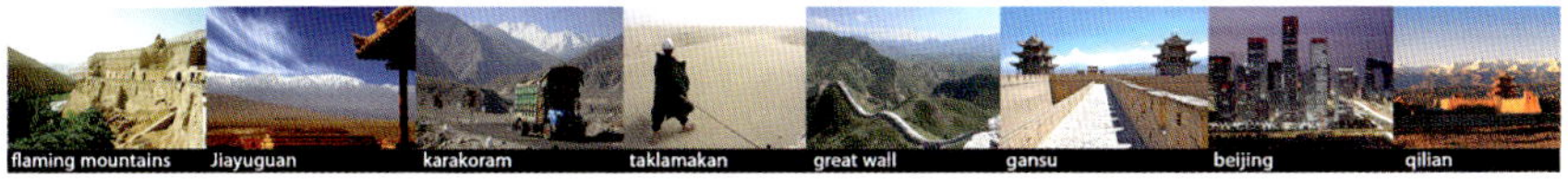

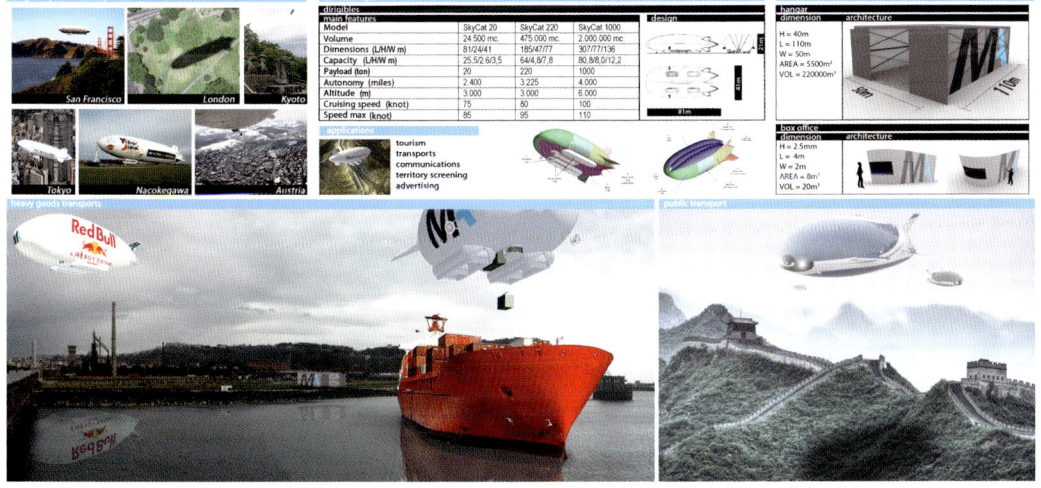

1°

TRENO CAMALEONTICO MUTANTE

L'idea di identificare la Via della Seta con il treno nasce da una nuova visione delle rotte carovaniere. Il treno sarà camaleontico, un treno mutante con una pelle cangiante mimetica o visibile a seconda dei paesaggi naturali o artificiali, delle condizioni atmosferiche, del giorno e della notte. Il treno potrebbe autorigenerarsi e autoalimentarsi con le risorse naturali: sole, vento, pioggia…. un nuovo dragone mutante che identificherà la nuova Via della Seta. Nelle rotte del treno cresceranno le nuove città, saranno città temporanee, città mobili fatte da case container semplici da muovere e riposizionare. Le città saranno mobili e trasportabili, come i passeggeri e le merci, riposizionate ogni volta a seconda del bisogno.

MUTANT CHAMELEONIC TRAIN

The idea is to identify the silk road whit the train, born from a new vision of the caravan route. The train will be chameleonic, a mutant train whit a changing skin which could be mimetic or visible, changing whit the different views of the natural landscapes. The train may be self powered whit the natural sources of energy, sun, win… A new mutant dragon which identify the new silk road. In the train route will grow new cities. They will be temporary cities, a flow cities made by house-containers easy to move and replace. The cities will be flow and portable, like the passengers and the goods, and will be placed in every times where we needs. The cities will be flow and mutant like the new mutant, dragon train.

KEZAL
Fabrizio Misuraca

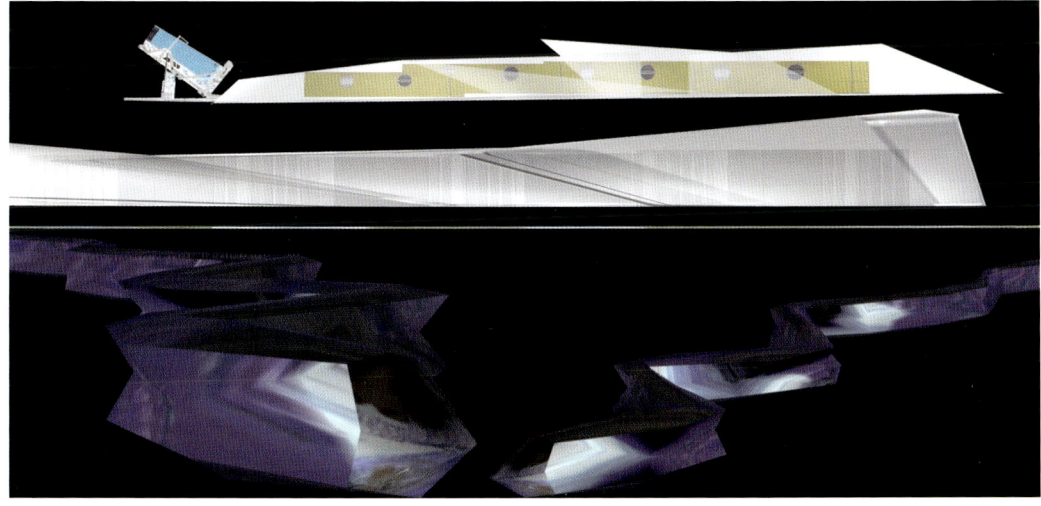

Vincitori/Winner | La Road Map della Seta | The Silk Road Map

Selezionati/Selected
APPUNTI PER UNA MAPPA CONTEMPORANEA

1 WEEKEND IN A MORNING
Andrea Cassi
Massimiliano Marian

Selezionati/Selected
METROPOLI DELL' ACCOGLIENZA

2

Z_OO ARCHITECTURE BUREAU
Gianluca Voci
Simona Siddi
Luigi De Crescentis
Giuseppe Fimiani

Selezionati/Selected
GREEN PARK XI'AN

3 FSF
Stefano Zec
Francesca Bruni
Federica Pompejano

Selezionati/Selected
SILK ROAD CITY, TIME ZONE +4,5h

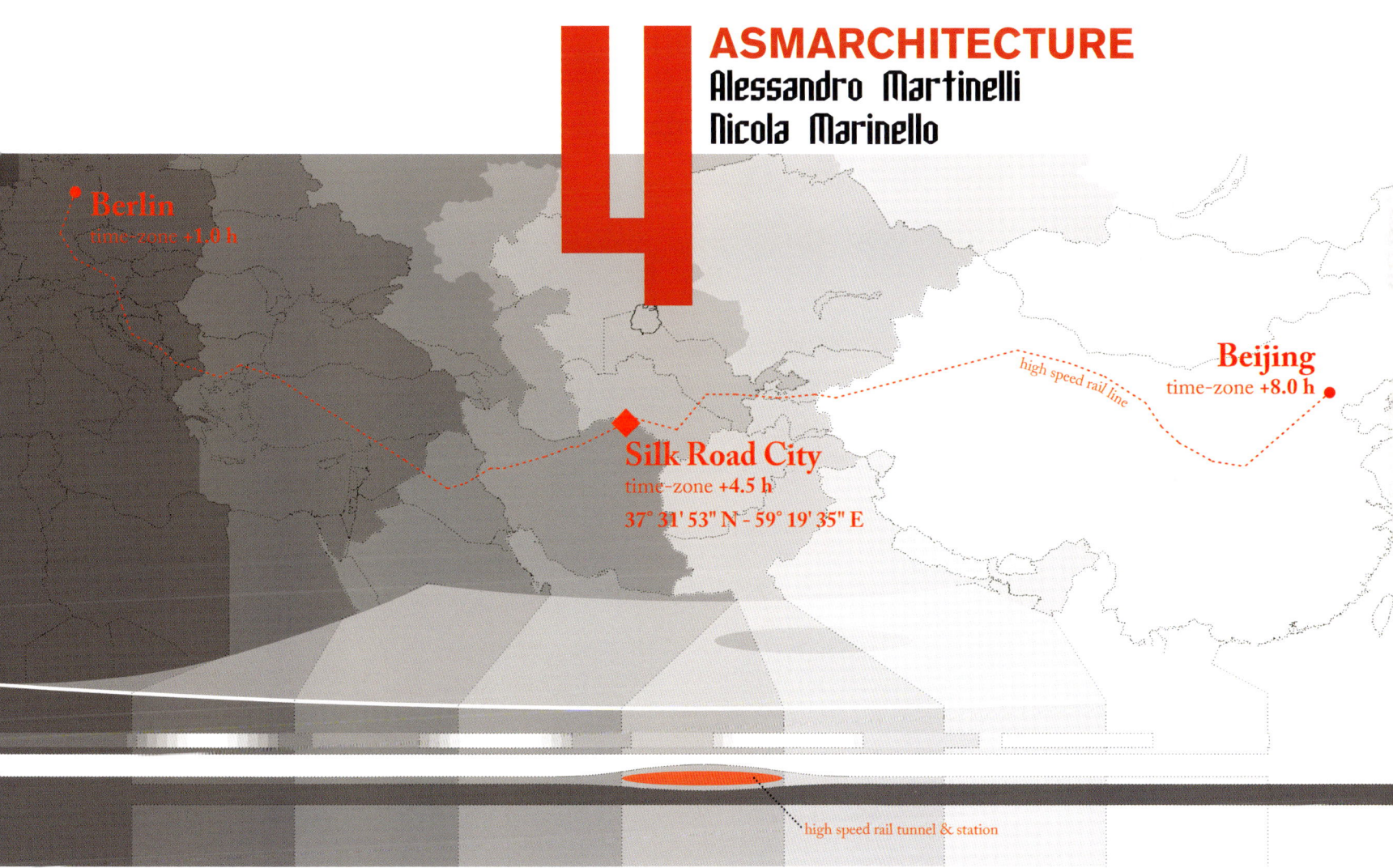

4 ASMARCHITECTURE
Alessandro Martinelli
Nicola Marinello

Selezionati/Selected
MULBERRY TREE

CAMARDA-GRANDI-MARUCCI
Diego Marcucci
Anna Grandi
Rosa Camarda

Selezionati/Selected
CARAVANSERRAGLIO DIFFUSO

6 MANFREDI PISTOIA
Alessandra Manfredi
Laura Pistoia

Selezionati/Selected
ROME-SHANGHAI / SAMARCANDA-XI'AN

1 UNEXPOSURE
Sebastiano Maccarone, Santi Musmeci

#01

unXposure

Silk Road Map

ROME / SHANGHAI
Italy   China

Selezionati/Selected
TRA TURPAN E KAMUL – CINA

8 RUE27
Lucia Zamponi
Filippo Nanni

Selezionati/Selected
IL RITORNO DELL'OASI

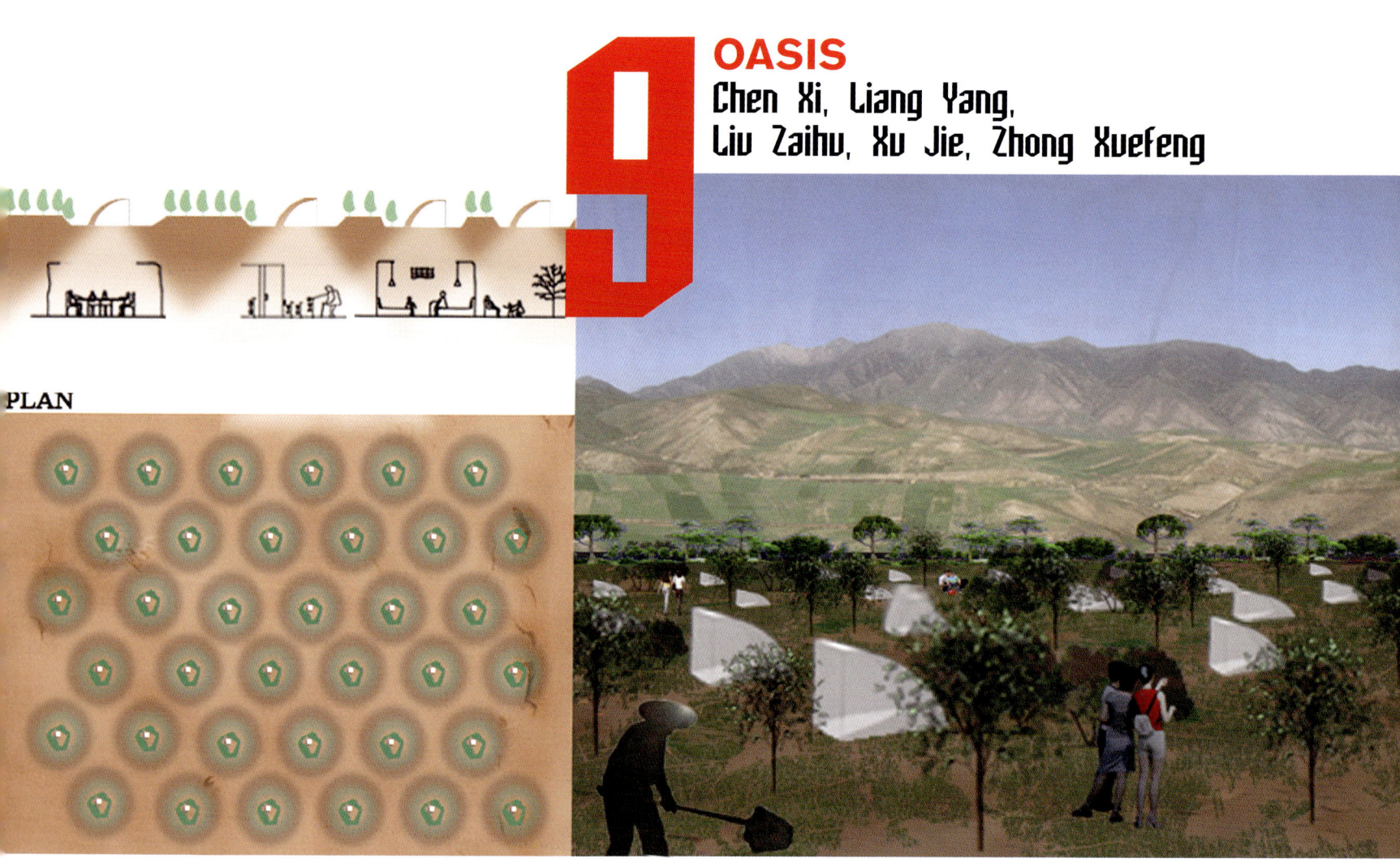

OASIS
9 Chen Xi, Liang Yang, Liu Zaihu, Xu Jie, Zhong Xuefeng

PLAN

Selezionati/Selected
RAZZA ORGOSOLO. SARDEGNA

10 TRAMAS DE SEDA
Maria Giovanna Corda

Selezionati/Selected
VIRTUAL COCOON

11 AFTER8
Luca Marinelli, Silvia Manzari, Federica Russo, Federica Fava, Laura Guastalegname, Zaira Magliozzi, Laura Corvino, Claudia Alessandro

Selezionati/Selected
MULBERRY COLLECTOR

12 YELLOW OFFICE
Dong Sub Bertin

1) take picture
2) download on mulberry collector
3) stamps with your pictures trasmitted on high-speed train

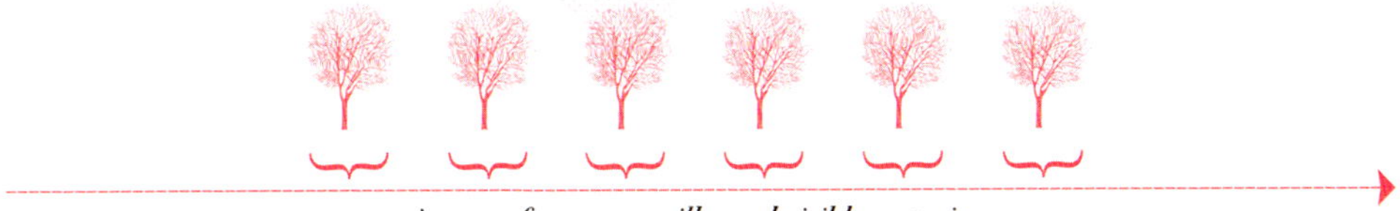

your own silk road
mulberry collector

pictures of your own silk road visible on train

Selezionati/Selected | La Road Map della Seta | The Silk Road Map

www.newitalianblood.com/expo2010

Luigi Centola Centola & Associati/Editore Newitalianblood.com
ideatore e programmatore del Concorso

GIURIA

Maria Assunta Accili Segretario Generale Commissariato del Governo per l'Expo **> ITA**
Pio Baldi Presidente Fondazione Maxxi, Museo delle Arti e dell'Architettura del XXI secolo **> ITA**
Cesare Casati Direttore Rivista Internazionale L'Arca **> ITA**
Claudia Clemente/LABICS Architetto, Principale Labics **> ITA**
Rocco Curto Professore Politecnico di Torino, Presidente Conferenza Nazionale dei Presidi **> ITA**
Pierpaola D'Alessandro Direttore Affari Industriali Sprint Lazio **> ITA**
Massimo Gallione Presidente Consiglio Nazionale Architetti PPC, o suo delegato **> ITA**
Luigi Prestinenza Puglisi Critico di Architettura **> ITA**
Giovanni Rolando Presidente Consiglio Nazionale Ingegneri **> ITA**
Benedetta Tagliabue/EMBT Architetto, Principale Enrique Miralles Benedetta Tagliabue **> ITA**
Zhang Can Architetto e Designer, Chengdu Building Security Review Commission **> CINA**
Zhang Dai Ying Vice Presidente & Segretario Generale Chengdu Building Association **> CINA**
Qun Dang/MAD Architetto, Principale Mad Office **> CINA**
Qian Fang Professore China Southwest Architectural Design and Research Institute **> CINA**
Guo Chuang Feng/ZHUBO Architetto, Capo Designer Zhubo **> CINA**
Qing Lin Professore Facoltà di Architettura Southwest Jiaotong University **> CINA**
Jiahua Wu Editore Capo World Architectural Review, Professore Shenzhen University **> CINA**
Jack Zhou Architetto, Presidente Sezione Progettazione Industria Nucleare Southwest **> CINA**

Luigi Centola Centola & Associati/Newitalianblood.com publisher
creator and programmer of the Competition

JURY

Maria Assunta Accili General Secretary Expo Government Commission > **ITA**
Pio Baldi President Maxxi Fondation, XXI century Arts and Architecture Museum > **ITA**
Cesare Casati Director International Magazine L'Arca > **ITA**
Claudia Clemente/LABICS Architect, Principal Labics > **ITA**
Rocco Curto Professor Turin Polytechnic, President National Conference of Deans > **ITA**
Pierpaola D'Alessandro Director Industrial Affairs Sprint Lazio > **ITA**
Massimo Gallione President National Council of Architects PPC, or his delegate > **ITA**
Luigi Prestinenza Puglisi Architecture Critic > **ITA**
Giovanni Rolando President National Council of Engineers > **ITA**
Benedetta Tagliabue/EMBT Architect, Principal Enrique Miralles Benedetta Tagliabue > **ITA**
Zhang Can Architect and Designer, Chengdu Building Security Review Commission > **CHINA**
Zhang Dai Ying Vice President & General Secretary Chengdu Building Association > **CHINA**
Qun Dang/MAD Architect, Principal Mad Office > **CHINA**
Qian Fang Professor, China Southwest Architectural Design and Research Institute > **CHINA**
Guo Chuang Feng/ZHUBO Architect, Chief Designer Zhubo > **CHINA**
Qing Lin Professor, Faculty of Architecture Southwest Jiaotong University > **CHINA**
Jiahua Wu Chief Editor World Architectural Review, Professor Shenzhen University > **CHINA**
Jack Zhou Architect, President Architectural Design Branch of Nuclear Industry Southwest > **CHINA**

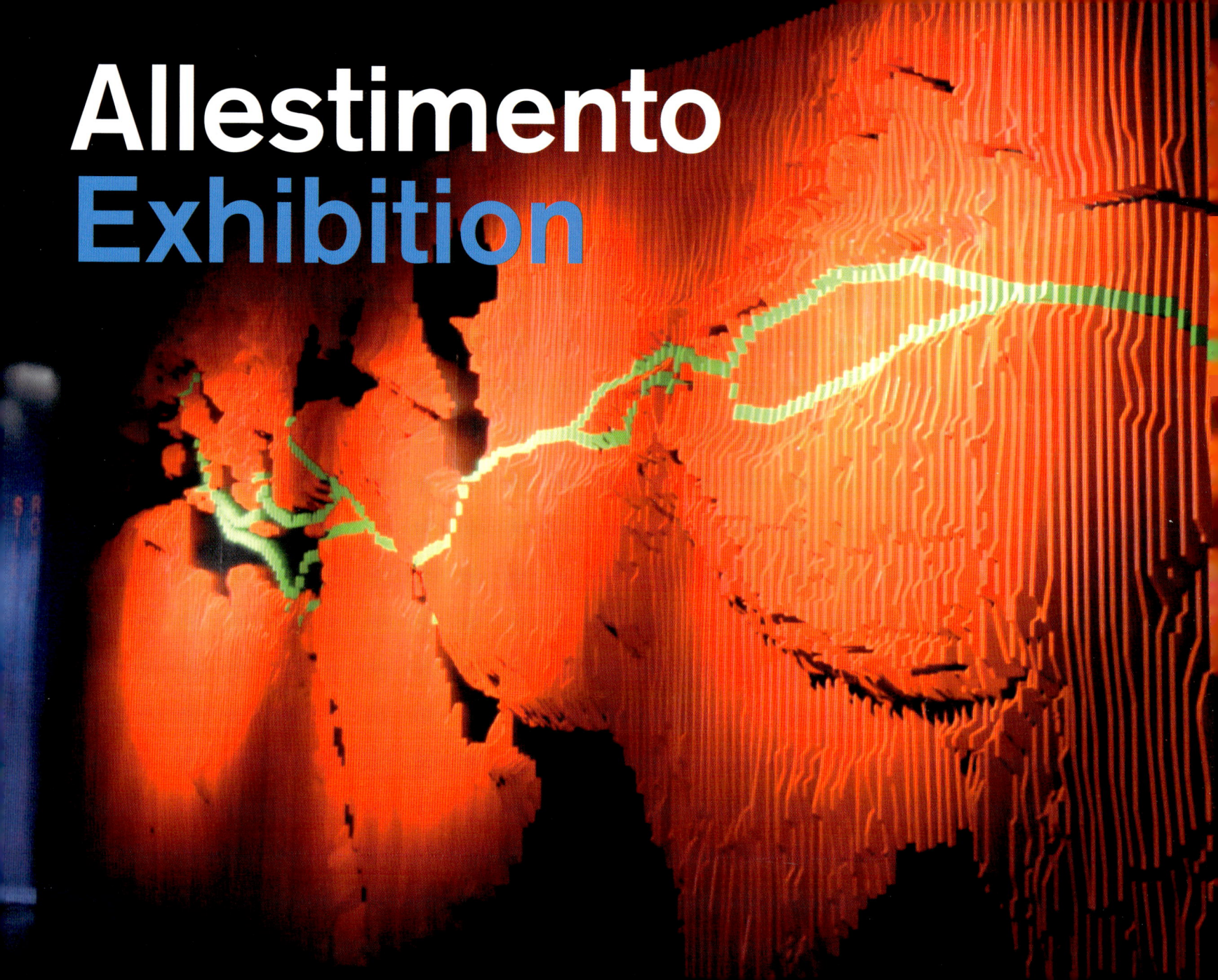

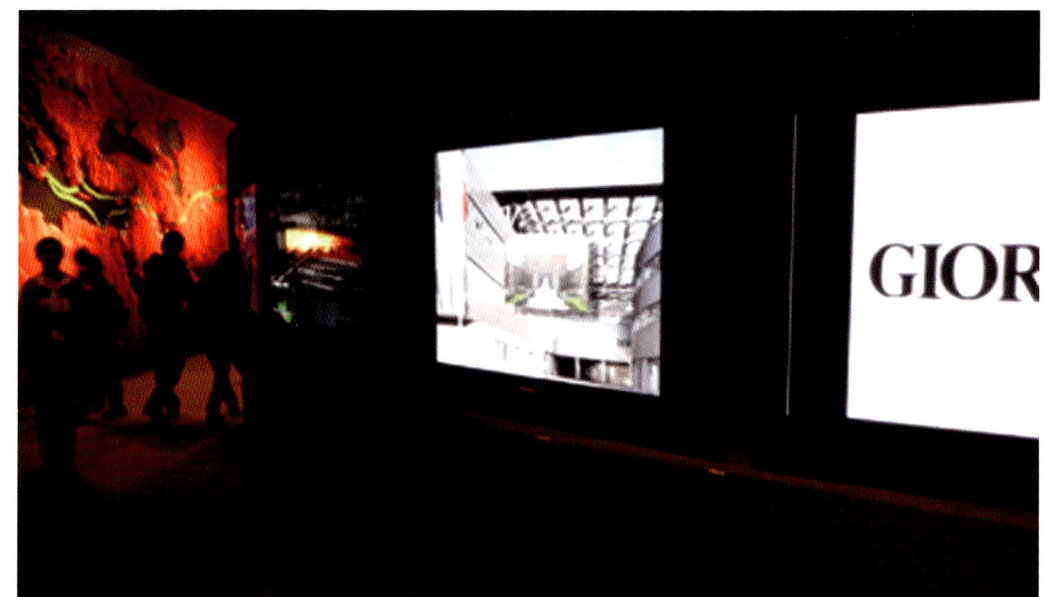

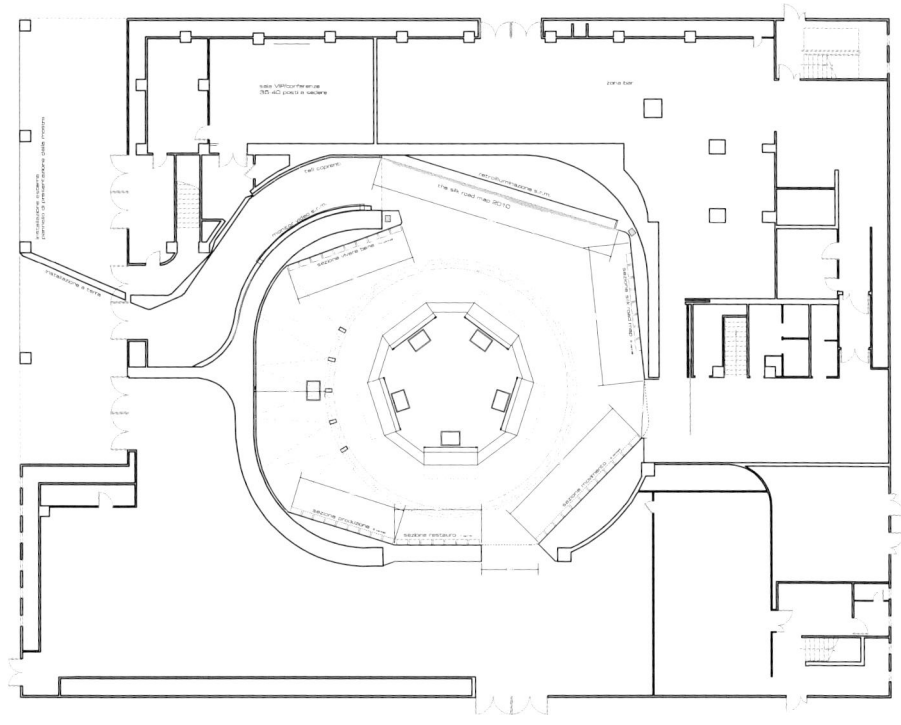
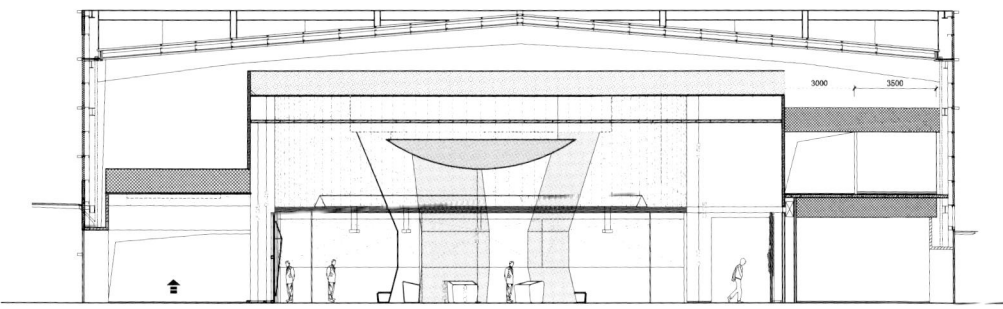

Allestimento | Exhibition

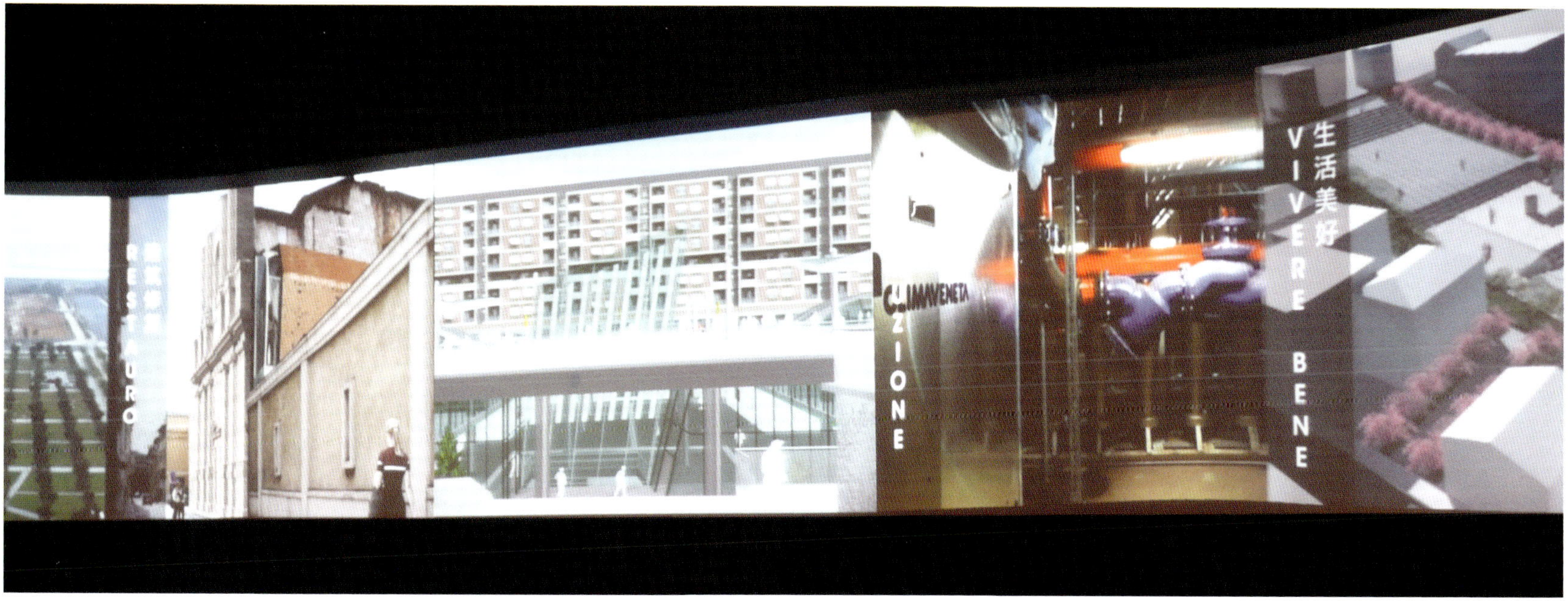

Allestimento | Exhibition

YFI sofa > Chi Wing Lo 2008   VICTOR low table > Antonello Mosca 2008   photo Salvati e Salvati

www.giorgetti.eu | **GIORGETTI**®

MILANO | DEN HAAG | NEW YORK | KÖLN

L'Azienda Speciale Fiera Internazionale della Sardegna è stata costituita nel 1979, ad iniziativa della Camera di Commercio, Industria, Artigianato e Agricoltura di Cagliari.

Ha lo scopo di organizzare le manifestazioni fieristiche (campionaria e specializzate), interessanti tutti i rami della produzione, mettendo in particolare evidenza e promuovendo le iniziative imprenditoriali dell'economia isolana.

Il quartiere fieristico della Fiera Campionaria della Sardegna sorge nel centro del Mediterraneo, davanti all'incantevole scenario del Golfo degli Angeli, occupa un'area complessiva di 12 ettari, situata al centro di Cagliari. Sull'area insistono 12 padiglioni espositivi di varie dimensioni e tre strutture congressuali facenti parte del Centro Congressi, costituito da sale attrezzate per lo svolgimento dei congressi.

La superficie coperta complessiva è di mq 46.320.

L'Azienda ha avviato un processo di sviluppo bandendo un concorso di idee per la riqualificazione del quartiere fieristico.

The company Azienda Speciale Fiera Internazionale della Sardegna was established in 1978 by an initiative of the Chamber of Commerce, Industry, Handicraft and Agricuture of Cagliari.

Its purpose is to organize every sort of exhibition and fair (general or specialized) which can promote and support Sardinian industry, commerce and business.

The Fair Area "Fiera Internazionale della Sardegna" is situated right in the heart of Cagliari, in the middle of Mediterranean Sea, in front of the enchanting Gulf of Angels. It's extended across 12 hectares and constists of 12 pavilions with different sizes and facilities and three congressual pavilions which constitutes the so called "Centro Congressi", the most modern and functional Congress Centre in Sardinia, with more than 3.000 congressional places available.

The entire covered area is 46.320 square metres.

The Company has initiated a development process holding a competition for the new fair complex.

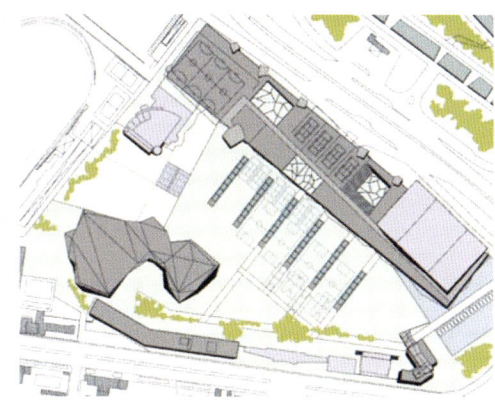

progetto per la riqualificazione del quartiere fieristico/project for the new fair complex

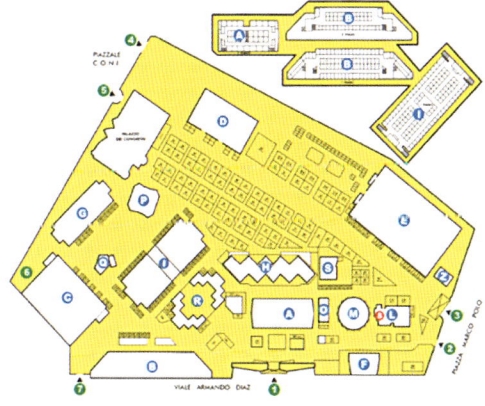

attuale quartiere fieristico/present fair complex

Fiera Internazionale della Sardegna

AZIENDA SPECIALE
Camera di Commercio Cagliari

L'ARTE DEL RESTAURO CON LE RADICI NELLA TRADIZIONE

Bari - Teatro Petruzzelli

Napoli - Teatro di San Carlo

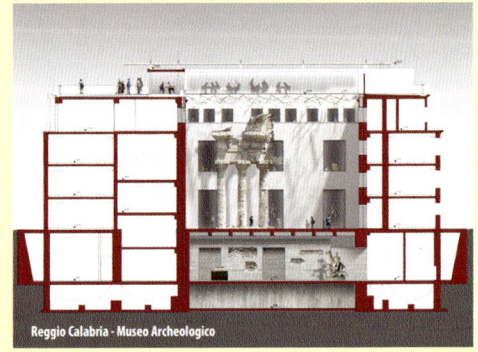

Reggio Calabria - Museo Archeologico

Reggio Calabria - Museo Archeologico

Sede Legale: Via Selva, 101
Uffici Amministrativi: Via Monte Pollino, 3 - 70022 ALTAMURA (BA)
Tel. 080.3103067 - 080.3142735   Fax 080.3140572
C.F. e P.IVA 06605700720
www.cobarspa.it

sac
società appalti costruzioni s.p.a.

Arte del fare, arte del costruire

La S.A.C. Società Appalti Costruzioni S.p.A. è un'azienda leader nell'edilizia civile, industriale e infrastrutturale.

La realizzazione di abitazioni, uffici, teatri, complessi museali e il restauro e la ristrutturazione di edifici storici hanno garantito alla S.A.C. la fiducia di importanti committenti tra istituzioni e grandi aziende. Impiegando un selezionato organico direttivo ed esperti collaboratori e, forte dell'esperienza maturata in quasi mezzo secolo di lavoro, la S.A.C. S.p.A. segue una metodologia professionale dedicata al rapporto attivo con gli utenti finali, verso una coniugazione perfetta tra ordine formale e ordine funzionale.

S.A.C. - Società Appalti Costruzioni S.p.A
Via Barnaba Oriani, 114 - 00197 Roma - www.sacspa.it

Edito e prodotto da
Published and produced by
LIStLab Laboratorio
Internazionale Editoriale

ITALY
Piazza Lodron, 9
38100-IT, Trento
+39 0461 282665

SPAIN
C/ Ferlandina, 53
08001-E, Barcelona
+34 934422365

email: info@listlab.eu
website: www.listlab.eu

Coordinamento editoriale
Editorial coordination
Braccio Oddi Baglioni
Eleonora Smargiassi
Pino Scaglione

Direttore Artistico
Art Direction
Massimiliano Scaglione

Disegno Grafico
Graphic design
Simone Iovacchini
Massimiliano Scaglione

Traduzioni
Translations
Julian Vertefeuille

Stampa Printed
Printer Trento

ISBN 978-88-95623-34-4

Stampato e rilegato in Unione Europea
Gennaio 2011|Printed and bound in the
European Union in January 2011

Tutti i diritti riservati| All right reserved
© dell'edizione|of the edition LIStLab
© dei testi, gli autori|of the text, their authors
© delle immagini, gli autori|of the images, their authors

Promozione e Distribuzione Internazionale
Internationation Sales and Distribution
ActarD/ Birkhauser
Roca y Batlle, 2
08023 Barcelona (Spain)
+34 934187759

BASEL Viadukstrasse 42
NEW YORK, 151,
Grand Street 5th Fl.
NY 1013, USA

office@actarbirkhauser.com
www.actarbirkhauser.com

Comitato Scientifico dell'editore LIStLab
Scientific Board of the LIStLab publisher:
Eve Blau (Harvard GSD), Maurizio Carta (Università di Palermo), Alberto Clementi (Università di Chieti), Alberto Cecchetto (Università di Venezia), Stefano De Martino (Università di Innsbruck), Corrado Diamantini (Università di Trento), Antonio De Rossi (Università di Torino), Franco Farinelli (Università di Bologna), Carlo Gasparrini (Università di Napoli), Manuel Gausa (Università di Barcellona|Genova), Giovanni Maciocco (Università di Sassari/Alghero), Josè Luis Esteban Penelas (Università di Madrid), Rosario Pavia (Università di Chieti), Mosè Ricci (Università di Genova), Roger Riewe (Università di Graz), Pino Scaglione (Università di Trento)

LIStLab è un Laboratorio editoriale, con sede a Barcellona, che lavora intorno ai temi della contemporaneità. LIStLab ricerca, propone, elabora, promuove, produce, mette in rete e non solo pubblica.

LIStLab is an editorial workshop, set in Barcelona, which works on contemporary issues. LIStLab not only publishes, but also research, proposes, endeavour, promotes, produces, creates networks.